JN109744

楽算メソッド®

数式・図式で思い通りの人生を手に入れる法則

秋畑 誠

株式会社バランス&チューニング代表取締役
楽算メソッド®考案者

合同フォレスト

　本書には、思い通りの人生を手に入れるための方法が書いてあります。

　「おいおい、そんなことできるわけないだろう」

　そう思われるかもしれません。

　しかし、「普遍的な法則」に基づく「数式・図式」を使いこなせば、人生を思い通りにすることが可能になります。

　「成功法則の本なら、山ほど読んできたよ」

　そう思われるかもしれません。

　たしかに、世の中には再現性が100％ではない成功体験を「法則」とうたっているようなものが多く存在します。

　本書でご紹介するのは、理論に裏打ちされた法則ばかりです。

　太陽が東から昇るように、投げたボールが落ちてくるように、確実な再現性であなたの人生を成功に導きます。

　私は「楽算アカデミー」という私塾で、この法則と使い方を指導しています。

　開講以来、5000人を超える方が「楽算メソッド®」を学び、自らの人生をコントロールし、ストレスフリーの毎日を実現しています。

受講生からは、「楽算メソッド」を日々の行動に取り入れることで、「将来の不安がなくなった」「イライラしなくなった」「営業成績が上がった」「昇進した」「幸せな結婚ができた」といった声が寄せられています。

　「楽算メソッド」を分かりやすく紹介するために、私と入社３年目の会社員未来（25歳）との対話形式で実生活に即して進めていきます。

　仕事や人間関係がうまくいかずにストレスを抱えている方や、漠然とした不安で押しつぶされそうになっている方が「楽算メソッド」を日常の組み立てに取り入れることで、少しでも幸福になっていただければ幸いです。

キャラクター紹介

「楽算メソッド」を伝える私塾
「楽算アカデミー」主宰

　ソニーで16年間エンジニアとして活躍した後、心身の不調をきっかけに「モノづくり」から「人づくり」へ転進。小学校4年生で受けた全国一斉知能テスト全国1位の頭脳を生かして、世の中の法則をシンプルな数式・図式で解説する「楽算メソッド」を開発。

秋畑先生（あきはた）

世の中はシンプルにできています♪

仕事も頑張りたいし恋人もほしい！

未来（ミク）

　入社3年目の会社員。
　仕事や人間関係に悩みを抱える25歳。
　新しいもの好きで興味のあるものにはのめり込むタイプ。
　「楽算メソッド」を学んで「思い通りの人生を生きていこう」と決意。
　素直な性格だが、疑問に感じたことには容赦なくツッコミを入れてくる。

もくじ

Chapter 2

「アウトが先」で人生がうまくいく

Chapter 3

あらゆるストレスから解放される 「引き算の法則」

Chapter 4

人間関係をスッキリ交通整理する「ベクトル」

Chapter 6

時間を味方につけて成功する
「砂時計の法則」

Prologue

楽算アカデミーへ、ようこそ！

先生 こんにちは。楽算アカデミーへようこそ。お悩みがあると伺っていますが……。

ミク はい。今、仕事や将来のこと、人間関係などに悩んでいて、友だちが「楽算メソッドを学ぶとトントン拍子に物事が進むよ」と言っていたので……。

先生 トントン拍子ですか、たしかに。楽算メソッドは「人生を楽に楽しくする算数」ですので。

ミク え、算数なんですか？ 私、数字、苦手なんですが……。

先生 心配いりませんよ。楽算メソッドで使うのは、簡単な足し算や引き算ばかりです。構えずに、リラックスして聞いてください。

ミク はい。よろしくお願いします。

先生 この世界には、とてもシンプルで普遍的な法則がたくさんあります。それを数式や図式で表現したのが楽算メソッドです。

ミク 普遍的な法則……ですか？

先生 そうです。今日も明日も、いつだってどんな場面でも成り立つ法則です。

ミク それって、太陽が東から昇って西に沈むとか、そういうことですか？

先生 はい。それももちろん普遍的な法則です。万有引力もそうですね。ボールを投げれば、必ず放物線を描いて落ちてい

きます。今日は落ちるけど明日は落ちてこないとか、途中でボールが消えてしまうといったことはありません。

ミク　万有引力で人生トントン拍子にいくんですか？

先生　万有引力は大切な法則ですが、さすがにこれは楽算メソッドには入りません。楽算メソッドではこういった普遍的な法則のうち、人生を楽に楽しくするものだけを厳選しています。

ミク　人生を楽に楽しくする法則、ぜひ教えてください。私、もう悩みたくないんです。トントン拍子に生きていきたいんです。

先生　分かりました。楽算メソッドで、楽に楽しく生きていきましょう。

ミク　よろしくお願いします！

見える法則と見えない法則

先生　太陽の通り道とか、万有引力によってボールが落ちるというのは、目に見える法則です。これらは、多くの人が体験的に知っていることです。なので、家を南向きに建てて日当たりをよくしたり、ボールを使ってスポーツをしたりと、日々の生活で上手に使われています。

ミク　「普遍的な法則」というと難しそうですけど、すごく当たり前のことなんですね。

先生　はい。そうなんです。法則には、このように目に見えるものもあれば、目には見えないものもあります。

ミク　目には見えない法則？

先生　はい。それを扱うのが楽算メソッドです。

ミク　それって、「想えば想われる」みたいなことですか？

先生　惜しい！「想えば想われる」というのは、たしかにそういうケースもあるでしょうが、100％ではありません。100％だったら片思いや失恋なんてあり得ないわけですし。法則というからには、**100％成り立つものでなければいけません。**

ミク　ううん……じゃあ、これはどうですか？

これ⬇を「ペン」と呼ぶ。

先生　これまた惜しいです。たしかにこれは、昨日ペンと呼ばれていたし、今日もペンです。明日もおそらくペンと呼ばれるでしょう。でも、ロシア語ではルーチカですし、ヘブライ語ではエトです。それにもし、「明日からボンにしよう」とみんなで決めたら、もうペンではなくてボンになってしまいます。これは、「ペン」と呼ばれていることが法則ではないからです。

ミク　そっかぁ……法則っぽいと思ったのに……。

先生　ペンと呼ぶことは法則ではありませんが、みんなの共通認識のために必要な情報ではあります。そういう意味では重

要な情報です。こういった重要な情報の中に、**法則だと錯覚してしまう情報**が多く含まれています。そして、法則ではないものを法則だと誤認してしまうと、人生が思うようにいきません。

100％の法則と100％ではない法則

先生　世の中で「法則」と呼ばれているもの、中でも特に「成功法則」と呼ばれているものは、100％とはいえない法則も多いです。

ミク　100％ではないって、信用できないってことですか？

先生　信用といってよいのかは分かりませんが、法則と呼ぶからには、再現性がなければいけません。もし、本に書かれている成功法則が100％成り立つものだったら、その本の読者は皆さん成功しているはずです。

ミク　たしかに、それはそうですね。

先生　世の中の情報は、次頁の図P−1のように2軸で区切られた四つに分類されます。右上から右回りに、「①知っている法則」「②知っているけれど法則ではないもの」「③知らないし法則でもないもの」「④知らない法則」です。

ミク　なるほど。どれが一番多いんですか？

先生　「③知らないし法則でもないもの」がダントツです。ミクさんは、知っていることと知らないことの比率は、どのくらいだと思いますか？

ミク　インターネットで調べれば何でも分かるし、2：8く

図 P‐1　情報の４分類

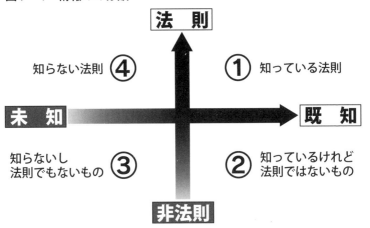

らいじゃないかなぁ……。

　先生　これは、１：∞（無限大）です。

　ミク　え、そうなんですか？

　先生　情報化社会といっても、世の中、知らないことだらけです。たとえば、図書館に何万冊とある書籍のうち、どれだけの情報を知っていますか？　隣町で、今、何が起こっているか知っていますか？

　ミク　あ……全然知りません。図書館とか隣町レベルでこれってことは……。

　先生　そうです。世界規模で見たら、我々が生きている間に知り得ることなんて、本当に微々たるもの。けれど、**物事を考えるときは、自分が知っている情報しか使えません**。ごくわず

かな知識を使って思考するため、いかに質の高い情報を仕入れるか、これがすごく大事になります。

ミク　質の高い情報ってどんなものですか？

先生　**最も質の高い情報が「法則」です。**つまり、必ず成り立つ情報。

ミク　なるほど。法則ってたくさんあるんですか？

先生　それが、法則と法則ではないものの比率も１：∞くらいなんです。ほとんどの情報は、法則ではありません。

ミク　じゃあ、成功法則本の情報は、法則とはいえないんですか？

先生　「こうすれば成功する」というのは、成功者の経験則や、統計的にそうなることが多いという情報がほとんどです。ウソではありませんが、誰がやっても同じ結果になるとは限りません。このように**100％の再現性のないもの**は、楽算メソッドでは法則に分類しません。

ミク　法則だとうたわれているのに、法則じゃないものがあるんですね。

先生　はい。「○○に投資をすれば、今なら必ず成功するよ！」みたいなものは、典型的ですね。新しい投資の対象や手法だと「聞いたことがないな。乗り遅れちゃいけない」と興味が湧くかもしれません。そういった儲け話は、儲かる人もいるでしょうが、当然、儲からない人もいます。これは、先の図でいうと、「③知らないし法則でもないもの」ですね。

ミク　法則じゃないものはうまく使えそうにないので、「④

知らない法則」を教えてください!!

　先生　はい、お任せください。この「④知らない法則」について扱っているのが楽算メソッドです。

　ミク　え、そうなんですか？

　先生　楽算メソッドでは、まだ世間的には知られていない法則や、知られてはいるものの、うまく活用されていない法則について、その仕組みを分かりやすく解明しています。

　ミク　楽算メソッド、早く知りたいです！

すべてがうまく回りだす
「アウト⇨インの法則」

1 経済がうまく回りだす
「アウト ⇨ インの法則」

先生　では、楽算メソッドの説明に入っていきましょう。まずは基本となる「アウト→インの法則」です。よく、鶏が先か卵が先か？　と言われます。これに似た話なのですが、インが先かアウトが先か、分かりますか？

ミク　え、インとアウトですか？

先生　インは「入る」、アウトは「出る」。分かりやすいのが呼吸ですね。インは吸う。アウトは吐く。吸わないと吐けないし、吐かなきゃ吸えないし。吸って吐いて、吐いたら吸って、これを繰り返しています。呼吸のように循環している物事のスタートはどこか。インから始まるのか、アウトから始まるのか？

ミク　ええと。インが先？

先生　どうしてそう思いました？

ミク　深呼吸するとき、「吸ってー、吐いてー」って号令がかかるし。

先生　なるほど。ではここで、インとアウトのどちらが先かを検証するために、「アメちゃんワーク」をやってみましょうか。

ミク　アメちゃん？　いいですね。甘いもの大好きです。

先生　まず、それぞれアメを1個ずつ持ちましょう。この2

個のアメの動きを見ていきます。

ミク　アメの動き？

先生　ルールは一つ、「アメをもらったら、自分のアメを人にあげる」。

ミク　簡単ですね。

先生　1分間でどれだけアメが回るでしょうか？　では、始めます。

　　　　　……し〜ん……

ミク　あの。アメくれないんですか？

先生　はい。アメをもらったらアメをあげようとは思っているんですが。

　　　　　……し〜ん……

先生　はい、1分。終了です。

ミク　これじゃ全然アメが回らないじゃないですか。

先生　では、ルールを変えますね。「まずは自分のアメを人にあげる。人からもらったアメは別の人にあげる」。では、始めます。

ミク　あ、アメどうぞ。

先生　ありがとう。アメをどうぞ。

ミク　ありがとうございます。はい、アメどうぞ。

先生　どうも。どうぞ。

　　　　　………………………

先生　はい、1分。終了です。何回アメのやり取りをしましたか？

図1−1　アウト⇨インの法則

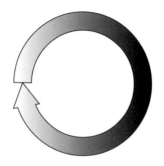

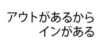

アウトがあるから
インがある

　ミク　あ、数えてないです。すごい回数だったので。30回
はやり取りしたと思います。

　先生　アウトを先にして相手にアメを渡すことを意識すると、
これだけ活発な動きが生まれるんです。2人でも100人でも、
全員が「もらったらあげる」という意識、つまり「インが先」
という意識でいると、まったくアメは動きません。

　ミク　100人でアメを持ったまま固まっているというのも、
不気味ですね。

　先生　「もらってからあげる」というルールから、「まずアメ
をあげる」ことを意識すると、途端にものすごい勢いでアメが
回るようになります。私が「ストップ」と声を掛けても、なか
なか止まらないこともあるくらい。つまり、**物事の流れは「ア
ウトが先」**ということ。図にすると、こんな感じです（図1−1）。
これはアメの動きに限った話ではなく、あらゆるものに当ては

まる普遍的な法則です。分かりやすいのが経済ですね。

ミク あ、このアメがお金ってことですか？

先生 その通り。アメちゃん、つまりお金を回していこうと思ったら、アウトが先です。それでこそ、経済が回り、景気が上向いていきます。

ミク でも今、日本ではあんまりお金が回っている感じがしません。給料もボーナスも増えないし。

先生 先行きの不安から、インを優先してアウトをしない。「お金を貯めなければ」という意識が強いようですね。しかし、アウト、「お金を有意義に使うこと」を人々が意識すれば、お金の流れは大きく変わってきます。

2 経済の仕組みは超シンプル

先生 経済の仕組みは、実にシンプルにできています。

ミク 本当ですか？ 就活のときに経済新聞を読んでみたら、まるで意味が分からなかったんですが……。

先生 では、分かりやすいように図解していきます。経済のボリュームというのは、図1-2のようなシンプルな長方形で表すことができます。

ミク 長方形？

先生 そうです。縦×横という二つの掛け合わせです。縦はお金の量、つまり先ほどのワークでいえば、アメの個数を表し

図1-2　経済の大きさ＝お金の量×回転数

回転数

**お金
の量**

経　済

ています。横の回転数とは、お金が行き来すること。つまり、アメをやり取りした回数です。

　ミク　アメの数とやり取りの回数が、経済なんですか？

　先生　経済の規模というのは、このシンプルな掛け算です。どれだけのお金が移動したか、流通したか。それは、移動するお金のボリュームと移動の頻度によって決まります。

　ミク　お金がたくさんぐるぐる回ると、経済が大きくなる？

　先生　その通り。ここで重要なのは、**お金の量よりも回転数**。通常はアメではなく、物やサービスとお金が行き来します。これがどのくらい活発に移動しているかが重要なんです。

　ミク　そうなんですか？　お金がたくさんあることのほうが大事な気がしますけど……。

　先生　お金だけあっても、景気はよくならない。アメちゃんワークのように、「インが先」という意識でいると、なかなかお金を手放せません。つまり、お金が回転しないので、経済はまったく動かなくなります。

■お金の量より回転数

ミク　たしか、バブルのときは皆さん、ものすごくお金を使っていたらしいですよね……。

先生　景気というのは、お金の量よりもお金の回転数に依存します。不景気になると、よく政府がお金を世の中にばらまきます。

ミク　なんか、ニュースとかで聞いたことがあります。

先生　ところが、お金の量は増えているはずなのに、経済はなかなか大きくなりません。この原因はただ一つ。**みんなが「インが先の意識」でいるからです**。「お金を使ったら、自分だけ馬鹿を見るんじゃないか」と思っている。だから、「十分なお金が入ってから使おう」と。このような意識でいたら、どんどん回転しなくなっていきます。

ミク　アメを持ったまま固まってしまった、苦行のような1分間を思い出しました。

先生　まさにそれが、日本中で起こっているのです。こうして経済は痩せ細ってしまいました。かたやバブルのときは、お金自体はそれほど多かったわけではありません。

ミク　え、そうなんですか？

先生　バブル絶頂の1990年、日本にあったお金は約480兆円。それに対して2018年は約1030兆円でした（日本銀行「マネーストック統計の解説」60頁　http://www.boj.or.jp/statistics/outline/exp/data/exms01.pdf）。

ミク　バブルのときの２倍以上、お金あるじゃないですか！

先生　そうなんです。しかし、今やそのほとんどが預金されていて、実際に流通しているのはほんの１〜２割にすぎません。

ミク　バブルのときに、お金が今より少なかったとか、ちょっと信じられません。

先生　バブル期は、お金がものすごい勢いで動き回っていました。海外旅行に行ったり高級車を買ったり。周りが派手に使っていると、「僕だけ貯め込んでいても面白くない。どうせお金は入ってくるんだし」と、どんどん使うようになります。

ミク　そんなに使って、破産しないんですか？

先生　みんながお金を使うと、飲食店や旅行会社、自動車や住宅を扱う会社などが儲かります。「ありがとうございました、過去最高益です！」といって、社員の給料が上がっていく。こんな感じで、日本中でお金がどんどん回っていきました。年末のボーナスは基本給８カ月分だとか、仕事をした時間すべての残業代が出るといった感じで、収入が高かったわけです。

ミク　そんな時代があったんですね。とても同じ日本とは思えません。

先生　お金の量はそんなに多くなくても、ひたすら使われて巡ったので、経済はとても豊かになっていきました。

ミク　お金の量じゃなくて回転数……なんか、ちょっと分かってきました。

先生　経済というと、金利がどうとか、ナントカ経済指標がどうとか、難しい分析をしますが、実はシンプル。**みんなが**

「使おうぜ」という「アウトが先」の意識を持ってさえいれば、いくらでも経済は大きくなるんです。

3 借金は悪いことではない 「バランスの法則」

ミク あの……。アメちゃんワークで、一つ腑に落ちないことがあるんですが……。

先生 いいですね。疑問があったらどんどん質問してください。

ミク 最初にアメを一つ持ってからワークをしたじゃないですか。これって、まずアメを手に入れた。つまり、「インが先」なんじゃないですか?

先生 なるほど。いい質問ですね。

ミク 手元にアメがなかったら、アメをあげることはできませんよね? だとしたら「アメをもらったら、アメをあげよう」ってなっちゃうんじゃないですか?

先生 アメがないなら、アメを借りてくればいいんです。

ミク アメを借りる?

先生 そうです。つまり、お金でいうと、「借金をする」ということ。

ミク ちょ、ちょっと待ってください。借金なんて、ダメですよ。

図1-3　お金は借金があるから存在する

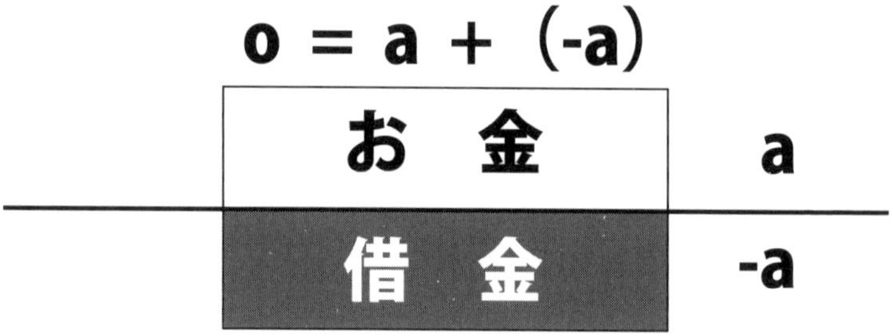

$$0 = a + (-a)$$

お　金	a
借　金	-a

　先生　どうしてですか？

　ミク　どうしてって、だって借金は悪いことじゃないですか。

　先生　どうやらミクさんは、借金について大きな勘違いをしているようですね。楽算メソッドには、こんな数式があります（図1-3）。

$$0 = a + (-a)$$

　ミク　マイナスの足し算。たしか中1のときに習ったような気がします。

　先生　そうです。（-a）は、借金を表しています。左辺はゼロです。何もないゼロのところから「a」を生み出そうとしたら、そのときには必ず「-a」が同時発生します。そうでないと、等式が釣り合いません。

　ミク　そうですね。この式が正しいってことは分かります。

先生　世の中のすべてはバランスでできています。これもまた法則です。

■借金のカラクリ

先生　お金というものは、そもそも世の中にありませんでした。世の中になかったお金がどうやって発生したかというと、マイナスのお金、つまり借金が同時に生まれたからです。**誰かが「借金します」と言わないと、お金は世の中に現れません。**

ミク　借金しないとお金が出てこない？

先生　会社なら、社債を発行して、一般の人に買ってもらうことでお金を集めます。社債の債は債務の債。個人なら、家を買うために「3000万円の借金（住宅ローン）」をすると、借用書と引き換えに銀行からお金が振り込まれます。

ミク　住宅ローンって、あんまりお金をもらっているっていう感じがしないんですが……。

先生　たしかにそうです。お金と家がすぐに交換されますから、あんまり「お金をもらった」という実感は湧かないかもしれません。

ミク　お金をもらうというより、大きな借金って感じで……。

先生　お金をもらったという実感が乏しいので、「借金背負っちゃったよ」みたいなところばかりに目が向いてしまいますが、借金と同額のお金をそのときにもらっています。

ミク　言われてみれば、そうですよね。じゃないと家が買えないわけだし。

先生　「借金はよくない」というイメージを持っているかもしれませんが、今の世の中は、誰かが借金をしないと成り立たないんです。

ミク　借金しないと成り立たないって、どういうことですか？

先生　よく、「国は今、約1000兆円の借金をしている」なんて言われます。このことは同時に「国は約1000兆円を世の中に生み出して、経済が巡るように市場にアウトしている」と捉えることができます。

ミク　え、そうなんですか？

先生　国民が約1000兆円貯蓄できているのは、**国が借金してお金を生みだしてくれている**からともいえます。

ミク　借金に意味があるなんて、ちょっと信じられません。

先生　では、「住宅ローンを3000万円貸してください」とあなたが銀行に申し込んだとき、銀行が何をするか、分かりますか？

ミク　それは……。私に3000万円貸しても大丈夫かを調べるんじゃないんですか？

先生　調べる？　何を調べるのですか。

ミク　貸しても返してもらえるか、信用できるか……。

先生　そうです。信用を調べて、3000万円を貸すかどうかを決めます。経済学に「信用創造」という言葉がありますが、銀行は信用のもと、何もないところにお金を生み出せる権利を持っています。ただ、自由にお金を生み出せるわけではありま

せん。**ローン契約書（−a）を交わすことで、初めて同時にお金（a）を生み出すことができるのです。**

ミク　契約書を交わすだけでお金を生み出せちゃうんですか？

先生　そうなんです。無から有を生み出すのがポイント。これこそが、現代のお金の仕組みです。

ミク　てっきり、銀行が金庫にしまっているお金を貸してくれるものだと思っていました。

先生　宝くじに当たったり、資産ができたといって、3000万円のローンを一気に返済したら、銀行は喜ぶと思いますか？

ミク　そりゃ、貸したお金が返ってくれば、喜ぶんじゃないですか？

先生　ところがです。3000万円を返されても、ローン契約書（−a）と3000万円（a）が相殺されて世の中からなくなってしまうだけで、3000万円を他のことに使えるわけではないんです。

ミク　誰かが借金するお陰でお金が生み出される、お金が社会に出回っていく……。そう考えると、借金は悪いこととは言えないですね。

■日本は借金だらけって本当？

先生　「国の借金約1000兆円」とか、「国民1人当たりの借金が880万円」「生まれた途端に880万円の借金を背負っている」「国債の発行が止まらない」といったように、報道記事

では借金のマイナス要素ばかりが強調されます。

　ミク　それだけを聞くと、本当に怖いです。

　先生　こんな表現であおっていますが、まったく怖いことなんてありません。国の借金で生み出したお金は、国民の貯蓄になっているからです。

　ミク　日本は借金大国で、大変だと思っていました。そうじゃないんですね。

　先生　実は日本のお金と借金、プラスとマイナスを差し引きすると、純資産はプラスなんです。400兆円くらい。約1000兆円の上にもう400兆円ほど、日本にはお金があるんです。

　ミク　すごーい！　あれ？　でも、プラスマイナスゼロじゃないと、バランスとれてなくないですか？

　先生　どうして国内に1400兆円もあるのかというと、米国を筆頭に多くの債権を持っているからです。米国債とか貿易黒字の形で日本は各国の債権があって、これがプラス400兆円にものぼる。日本の純資産はダントツの世界1位です。

　ミク　ほんとですか？　すごい……。

　先生　国が借金を約1000兆円抱えていることは、たしかに事実です。そこだけを切り取って話をするから、「日本はヤバいんじゃないの？」と不安になってしまいます。

　ミク　でも、まったく景気よくないですよ。私が生まれてからずっと不況が続いているように感じます。

　先生　たしかに、あまり景気はよく感じません。**1400兆円もあるお金のうち、実に90％以上を65歳以上の方が貯蓄と**

いう形で持っているからです。

ミク　ほとんどのお金を高齢者が持ってるの？

先生　大事に貯めているので、まったくお金が動きません。さっきも言いましたが、経済というのはお金が動かないと意味がないんです。

ミク　そんなにお金があるなら、もっと使ってくれればいいのに。

先生　ところが、ほとんどは、「老後が心配で使えないよ」という人ばかり。貯蓄1000万円から2000万円くらいの一般の人たちは、銀行口座やタンスの中にお金が眠ったままになっている。

ミク　老後の貯蓄が1000万円もあれば、十分だと思いますけど……。

先生　今の時代、100歳、ひょっとすると120歳まで生きるかもしれないから、多めにお金を確保しておかなければいけません。「病気になって高額の医療費がかかったらどうしよう」と不安になって、お金を使うことができないんです。

ミク　年金だけじゃ足りないって言いますもんね。

先生　高齢者の貯金がとにかく動かない。このお金が動けば、日本はものすごく豊かな国になります。それに企業も内部留保として利益を貯め込んでいる。最低賃金や従業員の給与をアップしたり、新規雇用者を増やす、研究開発費を増額する、社会貢献のために貯め込んでいるお金を寄付するなど、大企業が率先してお金を回していけば、経済は活性化します。日本にはお

金が十分にあるわけですから、みんなが安心してお金を使える政策を進めればよいのです。たとえば、「90歳以上は最低限のベーシックインカム（最低限必要な所得）を保証する。医療費は無料」などとなれば、皆さん安心して90歳まで旅行や外食といった楽しみのためにお金を使うようになると思います。

ミク　お金を使ったほうが豊かになるって、サイコーですね！

4　たった1000円でみんながハッピー

ミク　日本には実はお金がいっぱいあって、でもみんなが使わないから景気がよくないってことでしたよね。

先生　はい。その通りです。

ミク　でも、どうもピンとこなくて……だって、お金があるなら景気がよくなると思うじゃないですか。日本にはやっぱりお金がないんだと思うんですけど……。

先生　なるほど。では、お金の量よりも流れが大切だというところについて、もう少し詳しく解説しましょう。お金の流れさえしっかりしていれば、たった1000円でも経済は大きくなります。

ミク　たった1000円で？

先生　パン屋さん、本屋さん、八百屋さん、美容院、花屋さんがあります。パン屋さんが1000円を持っていて、本屋さん

図1-4 1000円札1枚でも経済は回る

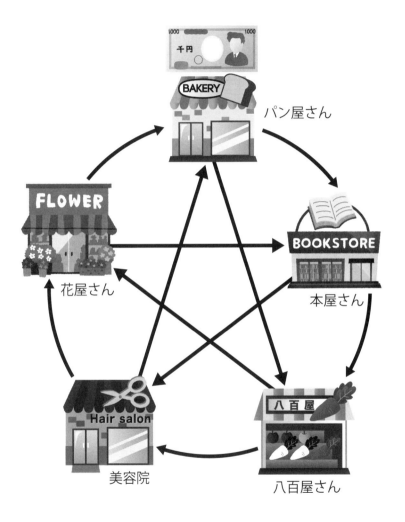

で本を買う。すると、この 1000 円札がパン屋さんから本屋さんに移動して、本が手に入ります。本屋さんはその 1000 円を使って、八百屋さんで野菜を買います。すると今度は八百屋さんが手に入れた 1000 円で髪の毛を切ってもらいます。という感じで、この 1000 円札が移動します（図 1 - 4）。

ミク　まぁ、普通そうですよね。

先生　1000 円札が移動する場合と移動しない場合について考えてみましょう。1000 円札が移動しない場合は、1000 円札はパン屋さんの手元にあるまま。誰も商品を手に入れることはできませんし、髪を切ってもらうこともできません。

ミク　まぁ、そうです。

先生　では、先ほどのように 1000 円が移動したら、どうでしょう？　買い物をした人たちの手元には、何が残っていますか？

ミク　えっと……パン屋さんは本を持っています。

先生　そうそう。パン屋さんが本を買うところから始まりました。

ミク　あと、本屋さんは野菜を持っています。

先生　で、八百屋さんは髪を切ってサッパリしました。これだけのものが手に入っているんです。

ミク　はい。でも、お金を使ったんだから、当たり前ですよね？

先生　そうですね。お金を使いました。では、そのお金は消えてしまったんでしょうか？

ミク　えっと……美容師さんが持っています。

先生　そうです。商品を手に入れたりサービスを受けたりしても、**元の1000円札は消えません**。この後も1000円札が回り続ければ、お花やパンも手に入ります。1000円札1枚で、みんながみんな、物やサービスを手に入れることができるんです。これが、経済の仕組みです。

■お金の回転数が上がれば経済は大きくなる

ミク　回転数ってことですね。

先生　そうです。さっきの長方形を思い出してください。お金の量がどれだけあっても、回転数が小さければ、経済という面積は大きくなりません。しかし、**回転数が大きくなれば、経済はどんどん大きくなります**（図1-5）。

ミク　でも、長方形の面積って（縦×横）なんだから、お金の量も回転数も同じくらい大事なんじゃないですか？

先生　理論上はそうです。しかし、お金を増やすのと回転数を増やすこと、どちらが現実的でしょう？　たとえば、お金の量をいきなり今の2倍に増やしたら？

ミク　あ、なんか、危ない気がします。

先生　そうです。お金の価値が急落してしまいます。お金の量を増やすというのは、慎重に行わなければいけません。それに対して、使うことにはそのような危険が伴いません。

ミク　気軽に思う存分使っていいんですね。

先生　その通り。**回転数を上げて経済を大きくしていくほう**

図 1‑5　お金の量より回転数を増やす

お金の量が多くても、回転しなければ経済は小さくなる

お金の量が少なくても、回転し続ければ経済は大きくなる

が、現実的です。1000円であっても、これがひたすら移動していけば、みんながあらゆるものを互いに循環させて、豊かな社会を築くことができるのです。

　ミク　お金の量じゃないんですね。なんだか希望が湧いてきました！

　先生　**お金が活発に動いている**ということが、豊かな社会を実現するための必須条件です。

　ミク　みんな、もっとお金を使えばいいのに……。

　先生　どうしてもお金を貯め込みたがる人がいるんです。「お金持ちになりたい」とか、「将来が不安だ」とか。

　ミク　その気持ちはよく分かります。私もお金持ちになれるんならなりたいし、将来がめっちゃ不安です。

　先生　お金の流れを貯蓄という形で止めてしまうと、経済は動かなくなります。みんなが「お金持ちになりたい」と貯蓄することによって、生活が豊かではなくなっているのです。

　ミク　なんだか皮肉な話ですね。

　先生　今の資本主義社会では「お金持ち」と「貧乏」に分かれます。これは、お金の動きを止める人がいるためです。お金が動かないから、持っている人と持っていない人が生まれてしまいます。

　ミク　「お金持ち」か「貧乏」かなら、やっぱり「お金持ち」になりたいです。

　先生　みんながそう思っていると、余計にお金は動きません。

　ミク　じゃあ、どうすればいいんですか？

先生 お金を持つということにこだわらず、ひたすら動かしていきましょう。

ミク でも、それじゃお金が貯まらないじゃないですか。

先生 そうです。お金がどんどん動く社会では、大きな格差は生まれません。1人で何億人分の財産を持つようなお金持ちは生まれません。お金を貯めずにひたすら動かさないといけないから。

ミク それじゃ、全員が貧困になりませんか？

先生 いえ、**お金は動いていたほうが、みんなが豊かに暮らせます**。物やサービスが手に入るのですから。

ミク あ、そっか。生活に必要なのは、お金じゃなくてパンや野菜ですもんね。

先生 お金にこだわりすぎることなく、物やサービスが豊かに流通する。そんな社会がつくれたらいいですよね。いずれはそんな社会を実現できるのではないかと思って、楽算メソッドを広めています。

ミク すごい話になってきましたね。

先生 それはまだまだ先の話になりそうですが……。まずは目の前の問題を解決して、人生を楽に生きるための方法を学んでいきましょう。

Chapter 1 まとめ

- 世界は「アウト」→「イン」の順番で成り立っている

- 経済の規模は「お金の量 × 回転数」

- お金は貯めることよりも動かし続けることが大切

「アウトが先」で人生がうまくいく

1 世の中はすべてアウトが先

ミク 「アウト → インの法則」のところで、「世の中はすべてアウトが先」って言いましたよね？　でも、アメちゃんワークとか、経済の話とかは、結局お金のことじゃないですか。お金以外のものについてもアウトが先なんですか？

先生 結論からいうと、「YES」です。そもそも**インから始まる図式は描けません**。なぜなら、図式を「描く」という動作自体が線を出現させる「アウト」であるからです。お金に限らず、**世の中のすべては「アウトが先」です**。

ミク よく分からないんですが、たとえばどんなことですか？

先生 宇宙の始まりはビッグバン、ものすごく大きな出力で始まっています。

ミク たしかに。でも、ビッグバンと言われても、あんまりピンとこないです。

先生 もっと身近な例だと、人生の始まり。赤ちゃんが生まれることを「出産」。「生まれ出てくる」という表現をします。

ミク ああ、たしかにそうですね。赤ちゃんはお母さんから出てくるから「入産」とは言わないんですね。

先生 そして、大人になり、おじいちゃんおばあちゃんになって寿命を全うするとき。「息を引き取る」と表現します。引き取る、つまり「イン」で終わるんです。

ミク　これって、実際に亡くなるとき、息を吸って亡くなるんでしょうか？

先生　私は小学生のとき、ひいおばあちゃんを病院のベッドで看取りました。最期、それまで弱々しく呼吸していたひいおばあちゃんが、大きく息を吸い込んでピタッと動きが止まったんです。まさに臨終の瞬間でした。

ミク　そうだったんですか。

先生　まさに引き取っているんです。普段使い慣れない言葉ではありますが、ブッダが今世を終えて魂に戻ることを「入滅」と言います。「滅し入る」ということですね。人生は「アウト」で始まり「イン」で終わる。そういう流れでできています。

ミク　人の一生にも「アウト → インの法則」は成立するんですね。

先生　今まさにしている呼吸もそうです。

ミク　でも、深呼吸は「吸って、吐いて」の号令ですよね？

先生　「吸って、吐いて」の順番は適切ではないと思っています。ヨガなどの呼吸を重視する運動では、まず吐くことから呼吸を整えていきます。呼吸は、吐くところから始まります。

ミク　吐くところから始まると、なんだか苦しそうなイメージがありますが……。

先生　人間の呼吸の最初が、まず吐くところから始まっているんです。赤ちゃんが生まれたとき……。

ミク　分かった！　産声を上げるですね？

先生　そうです。「呼吸」という漢字も「呼」つまり「吐く」

図2-1　入口、出口、兼用の扉は何口？

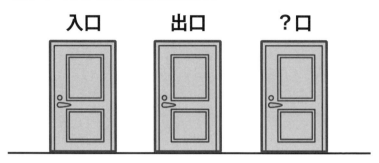

が先で、そのあとに「吸」つまり「吸う」がきます。これも、「アウト→イン」の順番になっているんです。

　ミク　ほんとだ。日本語ってよくできてますね。

　先生　ではもう一つ。ドアが3枚あります（図2-1）。一番左は入口専用の扉で、「入口」と書いてあります。真ん中は出口専用のドアで「出口」と書いてあります。そして最後、一番右側のドアは入口も出口も兼用しています。このドアには何と書いてあるでしょうか？

　ミク　入口も出口も兼用しているなら、「**出入口**」です。

　先生　そう。「入出口」とはいいませんよね。昔の人たちは、感覚的に分かっていたのです。たとえば電車やエレベーターも、ドアが開いたとき、中にいた人が先に出て、その後に外から人が入っていきます。

　ミク　なるほど。でも、ドアの場合、出てくる人を待たなくても入ることはできますよね？

　先生　たしかに、無理やり入ることは可能です。しかし、そうなると、出てくる人とぶつかったりしてけんかになりかねません。法則に基づかない行動をすると、ストレスやトラブルが発生してしまいます。これは、マナー違反である以前に、法則違反だからです。

　ミク　法則に逆らっちゃいけないってことですね。

　先生　そうなんです。だから、人生をスムーズに進めるためには、まず、**学校では教わらないけど存在する法則を知る**ことが大切です。

2　「自分から」行動を起こすことで
　　人生がうまくいく

　ミク　それなんですけど、アメちゃんワークのとき、最初に私が先生にアメを渡しましたよね。それって、先生からすれば、インが先ってことになりませんか?

　先生　それはいい質問です。では、「自分からのアウト」「他人からのアウト」について考えてみましょう。「自分からのアウト」と「他人からのアウト」、どちらが重要だと思いますか?

　ミク　それはもちろん、「自分からのアウト」だと思います。「まずはアウトから」って言われましたし。

　先生　そうです。たとえば、朝会社に行ったとき、自分から

「おはよう」と挨拶すると「おはよう」と返事が返ってきます。もしみんなが「誰かに挨拶されたら返事しよう」というインが先の意識でいたら、職場に挨拶は生まれません。だけど、誰かが先にアウトの行動、つまり挨拶をしてくれるから「おはよう」「おはよう」「おはよう」の連鎖が起こります。

ミク まぁ、そうですけど……。挨拶くらいは誰でもしますよね。

先生 挨拶を少し広げて、たとえば自分から仕事をするとしましょう。仕事をするとお給料がもらえたり、経験が手に入ったりします。つまり、**アウトするからインがある**。これが図2-2の内側の矢印です。これに対して、「他人からのアウト→イン」もあります。

ミク 「他人からのアウト→イン」？

先生 これは他の人からの挨拶に「おはようございます」と返事をしたり、「この仕事やってくれないかな？」と上司に振られて「分かりました。やります」というものです。

ミク 受け身ってことですね。

先生 そう。ここに自主性はありません。言われたから反応したというだけ。これが、「他人からのアウト→イン」です。自分から挨拶をする「おはよう」と、他人から挨拶をされて返事をする「おはよう」。傍から見ると同じ行動に見えます。

ミク 同じ挨拶ですから……。

先生 ところが、同じ挨拶でも違うんです。挨拶のないところに自分から「おはよう」と声を掛けると、勇気や行動力が養

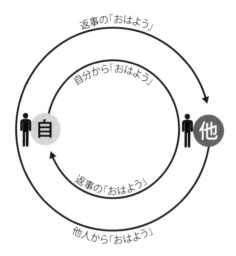

図2-2 自分からのアウト、他人からのアウト

返事の「おはよう」

自分から「おはよう」

自

他

返事の「おはよう」

他人から「おはよう」

われます。**目に見える形ではなくても、必ず得られるものがあるんです**。しかし、他人から「おはよう」と言われたから言う「おはよう」には、勇気も行動力もいりません。「おはよう」と言われたから「おはよう」と返す。ただの条件反射です。これでは得られるものなどありません。

　ミク　挨拶でも「自分からアウト」が必要なんですね。

　先生　挨拶でも仕事でも、「自分からアウト」を心掛けることで、成長できるのです。

■あなたが普段、「アウト」を先にしていることを書き出してください

例）挨拶、親切、おさい銭、など

3 「自責」の意識で一気に成長する

ミク　自分からといっても、仕事の場合、上司から指示されたことをやるしかなくて……。

先生　たしかに、会社勤めをしていると、自分から仕事を作るという立場ではないこともあります。そのような場合にも、自分を成長させる仕事への取り組み方があります。

ミク　本当ですか？　教えてください！

先生　上司から「この仕事やってくれないかな」と言われたとき、「めんどくさいなー。でも仕事だからやらなきゃいけないのでね、やりますけど」という気持ちで嫌々こなすのは、いわゆる「やらされ仕事」というやつです。

ミク　身に覚えがありすぎます。だって、頼まれた仕事が好きな仕事とは限らないじゃないですか。

先生　ええ、そうです。気持ちはよく分かります。ただやはり、やらされ仕事ではなかなか成長できません。「言われたからやっています」という姿勢では、仕事の成果物しか残らない。嫌々やっていることからは、得られるものはほとんどありません。

ミク　そりゃそうですよね。だったら、どうすればいいんですか？　私は仕事を選べる立場じゃないのに……。

先生　たしかに、自分がやりたいことだけをやるわけにはいきません。頼まれ仕事をするときに大事なのは、他者から振ら

れた仕事であっても、「**自分ごと**」に意識を置き換えることです。

　ミク　自分ごと？

　先生　きっかけは他から来たかもしれません。だけど、それを「自分ごと」に置き換えてみるんです。「やってみたら、経験がまた一つ増えるぞ」「新しい人にも出会えるかもしれない」と。このように考えて、「いっちょやってみるか」という気持ちで取り組みましょう。

　ミク　めっちゃポジティブですね。

　先生　このように「自分ごと」として捉えることを、「自責の意識」と呼びます。それに対して、なんでも他人事、人のせいにしてしまうのが「他責の意識」です（図2-3）。何事も、**「自責の意識」に切り替えることによって、得られるものが変わってきます。**

■嫌な仕事でも「自責の意識」で取り組もう

　ミク　でも、あんまりできる気がしないなぁ。だって、クレーム対応とか、何をどう考えても嫌な仕事って、あるじゃないですか。

　先生　では、実際にあった話をします。楽算アカデミーの受講生でシステム系のエンジニアをしているＡさんという方がいらっしゃいます。Ａさんが部署を異動してすぐに、前任者の作ったシステムにセキュリティのバグが見つかりました。

　ミク　うわ、それは大変ですね。

図2-3 他責の意識から自責の意識へ

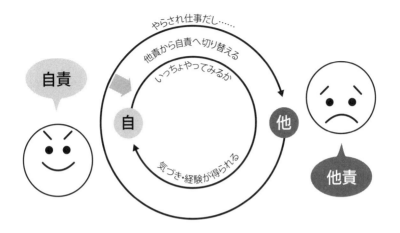

先生 かなり緊急度の高い問題だったらしく、Aさんはすぐに全事業部長のところへ謝りに行きました。

ミク え、だって、Aさんが悪いわけじゃないですよね？

先生 そうです。でも、前任者はもう退職しているし、「仕方ない」と。

ミク なんか、納得いかないなぁ。ものすごい貧乏クジですね。

先生 そうです。普通だったら「なんでこんなことを僕がやらなきゃいけないんだ。ついてない」と思うところでしょうが、Aさんは違いました。彼はこう言っています。「もし本当に僕がやったミスだったら、絶対にメンタルを壊していると思います。土下座レベルの失敗だけど、やらかしたのは他の人だから、

どこか気が楽だったんです。むしろ、自分が失敗したときのシミュレーションをさせてもらっている感じで」と。

ミク　すごい。最強メンタルですね。

先生　ほんと、素晴らしいです。「本当に自分がやらかしたときにどう対処すればいいのかを練習させてもらっている感じでした」と、そんな捉え方をしていたんです。

ミク　他人のミスの尻拭いでも、そんなふうに考えることができるんですね。

先生　問題が無事解決した後、上司にこう聞かれたそうです。「君がやったわけでもないのに、こんな大変なフォローをどうしてそんなに頑張れたんだい？　心が折れたりしないのかい？」と。そこで、Aさんはその上司にどういう気持ちで取り組んでいたのかを話し、「事業部長レベルの人たちと会話ができるなんて、普通ありえませんから。よいチャンスだと捉えていたんです」と伝えたそうです。すると、評価が上がり、どんどん出世していきました。

ミク　そんな前向きな人、会社だって放っておきませんよね。

先生　これは、**本当に捉え方次第なんです。**「なんで俺が」という思いでやっていたら周りにも伝わります。

ミク　いつもふてくされて仕事する人、うちの職場にもいます。

先生　それを、「自分ごと」として主体的に動いてみたら、結局、何も問題が起こらなかった。むしろ、終わってから、事業部長たちから「君も大変だったね」とねぎらってもらえた。

そして、顔と名前を覚えてもらえた。そんな現象が起こるわけです。

ミク　嫌々やっていたら、よくない意味で顔を覚えられちゃったかもしれませんね。

先生　どうせやるなら、自責の意識を持って取り組めばいいんです。そうすれば、そこで大きな経験を得ることができます。Aさんの場合には、さらに高い評価までついてきた。本当にこれは、意識次第なんです。

■あなたが普段「他責」にしていることは何ですか？

■それを「自責」の意識に切り替えるとどうなりますか？

4 自分の評価を求める前に、
　まずは相手を評価する

ミク　さっきのＡさんは、上司がきちんと評価をしてくれたんですね。

先生　前向きな姿勢を崩さなかったところを、きちんと見てくれていた。

ミク　でも、私みたいな普通の事務仕事だと、できて当たり前と思われているみたいなんですよね。

先生　そうですか？

ミク　なんだか、ちゃんと評価されてない気がして……。

先生　なるほど。もし、**自分が相手から評価をしてほしかったら、自分から相手を評価したほうがいいですよ。**

ミク　自分から評価？　どういうことですか？

先生　「うちの上司はちっとも評価してくれない」「自分はしっかりやっているんだから評価してほしい」というのは、「評価がほしい」「評価してくれ」という意識。つまり、自分への「イン」の気持ちです。

ミク　たしかに、アウトかインかだったら、インっぽいですね。

先生　ではミクさんは、その上司に対してどんな意識を持っていますか？

ミク　えっと……あんまりよく思ってないです。「もっと

しっかりしてくれよ」みたいな。

先生 そう。「インが先」の意識を持っている人は、陰口を
たたくことが多いんです。

ミク すみません。

先生 ミクさんに限らず、そういう人はたくさんいます。居
酒屋で「あの部長はなってないから。俺が部長だったらこうす
るのに！」とかね。

ミク 私の場合は、ロッカールームやランチタイムですけど
ね。

先生 まぁ、そんな感じで愚痴を言っているわけです。上司
に対してそんな評価をしているんだから、自分に対してもよい
評価が返ってくるわけがないですね。

ミク これまた耳が痛いです。

先生 みんな「ほしい」「ほしい」というインの気持ちを
持っていますが、評価してほしいなら、まず先に自分が相手を
評価すればいいんです。相手を先に評価するということは、つ
まり「評価される」ということを与える、先にアウトするとい
うことです。

ミク 先に評価するんですか？

先生 そうです。こちらから先に評価してしまえば、巡り
巡って「評価される」が戻ってきます（図2-4）。

ミク でも、評価するなんて、上司の仕事じゃないですか？

先生 評価といっても、別に、上司の成績をつけるわけでは
ありません。敬意をもって接するということです。上司のこと

図2-4 評価するから評価される

〈好循環〉

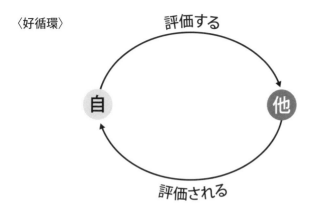

〈悪循環〉

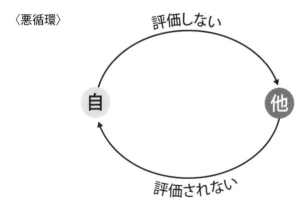

を尊敬して、そういう意識で接している部下は、大抵きちんと評価されます。

ミク　なるほど。たしかにそうかもしれない。

■自分の発したものが後から必ず戻ってくる

先生　「なってない上司だな」といった意識で働いていると、「評価されない」が戻ってきます。すると、「もっと評価されていいはずだ」と、また悪いサイクルを起こしてしまう。

ミク　なんかそれって、すごくイヤです。

先生　でもこれ、仕事に限った話ではないんです。恋愛、男女関係もそう。

ミク　うわ、それってますます困ります。

先生　恋愛でもよくあります。「構ってほしい」「褒めてほしい」という。ひと昔前の「３高」なんて、まさにこれ。「高身長、高収入、高学歴の人、私のとこにやって来て！」と。

ミク　いまや３高なんてのはバブル時代の伝説みたいな話ですけれど、でもやっぱり収入が高いに越したことは……。

先生　でもね、高収入でバリバリ稼いでいる男性とおつき合いするなら、自分からもそれ相応のものを与えられなければダメですよね。あなたはそんな相手に何を与えられますか？

ミク　ううん……そう言われると、もう返す言葉がありません。

先生　素敵な相手に見合う魅力、あなたが相手に提供できる価値は何ですか？　と聞くと、皆さん黙ってしまいます。相手に求める条件ならいくらでも出てきますが、これ、逆は難しい

んです。

ミク　はい。

先生　評価するというのも同じです。自分は相手を評価していないのに、相手から一方的に評価されるなんてありません。とはいえ、慣れていないと結構難しいものです。

ミク　課長のいいところ、見つけられるかなぁ……。

先生　先入観を取り除いて、素直に見てください。「こういう面もあるけれど、こういういいところもあるよね」という**評価できる面に意識を向けましょう。**

ミク　ううん……会社に遅刻しない、とか？　そんなことくらいしか見つかりません。

先生　まずは、そんなところからでもいいですよ。時間を守るというのは大切なことですし。こうして相手のよいところに意識を向け続けると、やっぱり自分にも評価される意識が戻ってくるんです。

ミク　そうなんですね。じゃ、とりあえず明日から課長のこと褒めときます。

先生　それじゃ意味ないですよ。思ってもないことを言ってゴマをすっても、見抜かれてしまいますから。トレーニングだと思って、一つずつ、いいところを見つけていきましょう。そのうちに慣れてきて、どんな人が相手でも瞬時にいいところを見つけられるようになります。

ミク　分かりました。やってみます。

先生　いいところを見抜く力がつけば、これは一生モノの財

産ですよ。評価すれば評価されるという巡りは、生活のあらゆる場面で起こってきますから。

　ミク　本当ですか？

　先生　ええ、本当ですよ。会社、家族、恋愛、あらゆる人間関係で有効なんです。

　ミク　それを聞いて、ヤル気が出てきました。頑張ります！

⭐5　アウト貯金をしよう

　ミク　巡り巡って自分に返ってくるって言いましたけど、本当ですか？

　先生　もちろん、本当ですよ。

　ミク　だって、挨拶しても無視されることがあるし。自分が課長を褒めたって、なんかあんまり評価してもらえる気がしないんですけど……。

　先生　巡り巡って必ず返ってくるのですが、それがすぐに返ってくるとは限りません。

　ミク　時間がかかるってことですか？

　先生　はい。すぐに返ってくる場合もあれば、返ってくるまでに時間がかかることもあります。すぐに返ってこないからといって、諦めちゃダメですよ。「積陰徳」といって**徳は必ず陰で積まれています**から。「情けは人のためならず」です。

　ミク　徳が積まれる……ですか。でも、やっぱり早く返って

図 2-5　積まれた徳は返ってくる

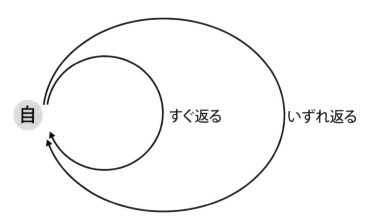

きてほしいです。

　先生　「アウト→イン」は、すぐ目の前で返ってくる場合もあ
れば、数カ月後、数年後に返ってくることもあります（図2-5）。

　ミク　数年後だなんて、待てそうにありません。

　先生　まぁ、そう言わずに、気長にチャレンジしてみてくだ
さい。すぐ返ってくれば嬉しいし、なかなか返ってこないとき
は、貯金していると思って。

　ミク　貯金ですか？

　先生　要は、蓄積されるんです。徳のある行いが貯まって、
それが一気に返ってきます。貯まったものが一気に返ってくる
ので、「なんか、すごいのが来たぞ！」という感じになります。

　徳が陰で積まれるというのは、**善い行いにも悪い行いにも成
り立つ法則なんです**。「誰も見てないからいいや」と、こっそ

り何かやったとしたら、それも蓄積されてしまいます。

　ミク　それはそれで、やっぱり怖いです。

　先生　行いが素晴らしい人は、いつか一気に飛躍します。

　ミク　じゃあ、私もこれから徳の貯金をしようと思います。

　先生　いいですね。

　ミク　挨拶をスルーされるとムカつきますが、それでも貯金されていると思えば、気持ちがおさまりますし。

　先生　あ、そこは注意してください。無視されて、「なんだよー」みたいなイラッとする気持ちを出してしまうと、残念なことになってしまいますから。

　ミク　え、残念なことって何ですか?

　先生　せっかく挨拶しても、イラッとした気持ちを出していたら、イラッとする出来事が返ってきちゃうんです。

　ミク　えー、そうなんですか?

　先生　挨拶をしても返事がないときは、「きっと何か考え事をしていたんだろうな」とか、「今、忙しいのかな」くらいに思って、気にしないことです。

　ミク　なるほど。そうします。

　先生　自分は気持よく「おはよう」と挨拶してるんだから、それだけでいいんです。すぐに戻ってこなくても、「今、貯まっているな」とニヤニヤしていればいい。

　ミク　小銭がチャリン、チャリンって感じですね。

　先生　そういうことです。

- 成長したいなら、自責の意識で行動しよう

- 相手に「評価されたい」なら、先に相手を「評価する」

- アウト（与える、貢献する）貯金をしよう

Chapter 2

Chapter

3

あらゆるストレスから解放される
「引き算の法則」

1 「事実」－「当たり前基準」＝「感じ方」

先生 これを見てください。グラスの中に水が入っています
ね（図3-1）。このグラスの水、多いと思いますか？ それと
も少ないと思いますか？

ミク あ、この話、知っています。同じものを見ても「こん
なにある」と喜ぶ人と「これしかない」と不満を持つ人がい
るって話ですよね。

先生 では、こうしたらどうでしょう？ このグラスの水を、
２ℓのペットボトルに移します（図3-2）。多いと感じますか？
それとも、少ないと感じますか？

ミク ううん……、さすがに少ない……かな。

先生 じゃあ、このふたを開けて、バスタブにバシャバシャ
と入れたら、どうでしょう（図3-3）？

ミク もう、ほぼ空っぽですよね。「気の持ちよう」の限界
を超えている気がします。

先生 そうです。でも、水の量としては同じです。

ミク まぁ、それはそうですけど……。

先生 グラスに入っていても、ペットボトルでも、バスタブ
でも、100㎖という量は変わりません。同じ量だと知っている
のに、少ないと感じてしまいます。これはなぜだと思います
か？

ミク それは、入れ物の大きさが変わったからじゃないです

図3-1
100mℓの水を容量200mℓの
グラスに入れると

図3-2
グラスの水を2ℓのペット
ボトルに移すと

図3-3　ペットボトルの水をバスタブに移すと

か？

　先生　そうですね。これについて、引き算を使って説明して
いきます。

■基準が変われば感じ方も変わる

　ミク　引き算？

　先生　「3：事実」－「2：当たり前基準」＝「1：感じ方」
という式で仕組みを説明します（図3-4）。今、コップの中に
水が100㎖入っています。この100㎖というのは「3：事実」
です。ここから、「2：当たり前基準」を引いていきます。

　ミク　当たり前基準？

　先生　そうです。水の話で言えば、水を入れる容器の大き
さが、この「当たり前基準」になります。当たり前基準が、
200㎖入るグラスなのか、2ℓ入るペットボトルなのか、200
ℓ入るバスタブなのか（図3-5）。この当たり前基準から事実
を見るから、その差分によって「1：感じ方」が変化してしま
う。

　ミク　ああ、なんとなく分かります。

　先生　半分も入っていれば、まぁそれなりに入っている感
じがあると思います。なので、このグラスの場合、基準は
100㎖ぐらい。水の量から引き算すると、差は0㎖。多くもな
く、少なくもなくといった感じでしょうか。

　ミク　たしかに、多いとも少ないとも感じないかも。

　先生　でも、同じ100㎖の水を、容量2ℓのペットボトル

図3-4 感じ方は「引き算」で表せる

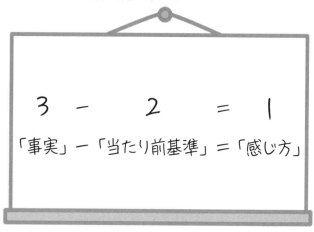

$$3 - 2 = 1$$

「事実」－「当たり前基準」＝「感じ方」

図3-5 当たり前基準と感じ方

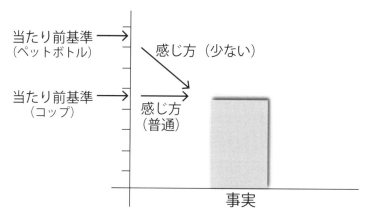

に入れると、どうでしょう。このペットボトルの場合、当たり前基準は 1ℓ、つまり 1000mℓ くらいですね。すると、「100mℓ － 1000mℓ ＝ － 900mℓ」。こんなに足りないよ、という気持ちになります。

ミク　たしかに、ちょっとしか入ってないと思いました。

先生　水の量自体は同じなのに感じ方が変わったのは、基準が変化したからです。さらにはバスタブにこの 100mℓ を入れたら、どうでしょう？　バスタブの半分は約 100ℓ だから、100000mℓ です。そこに 100mℓ。こうなると、もはや入っていないに等しいくらいに感じてしまいます（図3-6）。

ミク　ほんと、そうですね。バスタブにそれっぽっちの水じゃ、意味ないです。

先生　でも、事実は変わりません。水の量は変わっていないのに、どのような基準でそれを捉えるかによって、満足したり、不満に思ったりしてしまう。

ミク　じゃあ、多いと捉えるようになるのが正解ですか？

先生　多いと捉えることと、少ないと捉えること。どちらも正解とはいえないし、不正解ともいえません。また、どちらも正解でもあり、不正解でもあります。

ミク　ん？　結局どっちなんですか？

先生　**感じ方に絶対はないんです。**水 100mℓ という事実は、絶対に少ないんだということはありません。小さな容器に入れれば、多く感じることもできる。でも、大きな容器に入れれば、少なく感じることもできる。

図3-6 当たり前基準が変わると感じ方が変わる

「3：事実」－「2：当たり前基準」 ＝「1：感じ方」

$$100 - 100 = 0 \quad 普通$$

$$100 - 1000 = -900 \quad 少ない$$

$$100 - 100000 = -99900 \quad これっぽっち$$

ミク　うん、たしかにそうなんですけど……。

先生　主観で語られるようなものは、みんなそうです。形容詞というのは、基本的に主観で表現されます。「多い、少ない」「美しい、汚い」「すごい、しょぼい」。これらの形容詞は絶対的ものではなく、それぞれの持っている当たり前基準によって変わります。

■あなたの当たり前基準はどこにありますか？

例）収入、睡眠時間、パートナーがやってくれることなど

$$3（事実）- 2（当たり前基準）= 1（感じ方）$$

2 事実は一つ、解釈はたくさん

先生　さっきは水の話でしたが、これは、あらゆることに当てはまります。たとえば、年収。年収 500 万円という事実があったとします。多いと感じますか？　それとも、少ないと感じますか？

ミク　年収 500 万円だなんて、うらやましい。私から見たら、すごく多いです。

先生　うん、たしかにそう感じるかもしれません。でも、前の年に年収 700 万円だった人が、今年 500 万円になっていたとしたら、どうでしょう？

ミク　うわ、200 万円のダウン。それはイタイ……。

先生　きっと、「この先どうしたらいいんだろう」と、途方に暮れるのではないでしょうか。同じ 500 万円であったとしても、**どの基準から見るかによって、「うらやましい」とも「もうダメだ」とも受け取れるのです**（図 3 - 7）。

ミク　でも、やっぱり今までの自分と比べて見ちゃいませんか？

先生　そうです。どうしても、今まで培ってきた自分の知識や経験から見てしまうものです。**今までの自分が基準**。となると、たくさんの経験をしてきた方は、どうでしょう？

ミク　たくさん経験があるってことは、いいことなんじゃないですか？

図3‐7　基準によって捉え方はいろいろ

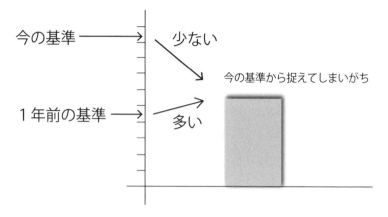

　先生　もちろん、経験を積んできたというのは貴重なことです。しかし、その分、自分の基準もたくさん持っていることになります。「今までやってきたことが正しい」と思い込んでいると、どうでしょう。技術が進歩して、世の中の当たり前が移り変わったとしても、それまでの自分の基準に捉われてしまいます。

　ミク　たしかに過去の成功体験に囚われている人っています。

　先生　どうしても「**今まで培ってきた自分の知識や経験こそが正しい」という固定観念を持ちやすい**ということです。そうなると、引き算の「当たり前基準」に世間とのギャップが生じてしまいます。

　ミク　経験が逆に邪魔をしてしまうんですね。

　先生　**この基準を自在に動かせる**ということが大切です。た

とえばこのグラス1杯の水。今の日本で、部屋でくつろいでいるときに出されても、そんなにありがたくは感じないかもしれません。

ミク　ロイヤルミルクティーなら嬉（うれ）しいですけど。

先生　たしかに、そんな気持ちになりますよね。ところが、たとえば、砂漠を車で走っているときに、急なエンジントラブルで動かなくなってしまった。隣町まで歩かなければ。ギラギラ太陽が照りつける中、2時間も歩き続けている。町まではあと2キロ。喉はカラカラ、足はフラフラ、意識はもうろう。しかし、水はもうない。ここで倒れたら、死んでしまう。そんな状況だったとします。

ミク　なんか、聞いているだけで喉が渇いてきました。

先生　すると目の前に、救いの女神が現れます。女神の左手にはグラス1杯の水、右手には1億円の小切手。「さぁ、どちらかを選びなさい」そう女神に言われたら？

ミク　ああ、もう。悔しいけど、水です。水を選びます。

先生　そのときの状況次第では、水1杯に1億円以上の価値を感じることだってあるわけです。

ミク　こんな極限まで追い込まれることもないとは思いますが……。

先生　まぁ、これは分かりやすくするための例え話ですから。人は、今置かれている状況を当たり前と思いやすいので、あえて極端な例を出しました。

ミク　ああ、なるほど。

3 今を当たり前と思い込む法則からの脱却

先生 今を当たり前だと思い込んでしまうのも、いってみれば法則です。ホメオスタシス、恒常性というやつです。

ミク なんか、聞いたことあります。体温を一定に保とうとするとか、そういうのですよね?

先生 そうです、そのホメオスタシスがあるので、今の状況に適用しようとする。だから、今の状況が当たり前なんだと思い込もうとします。

ミク 今を当たり前だと思うのが法則なら、改善のしようがないってことですか?

先生 今を当たり前だと感じてしまう方向にもっていかれる法則はたしかにあるんですが、それを乗り越えることは可能です。「今の状況を当たり前だと感じている」という自覚をもち、意識的にそれを変えていくのです。誰だって思い込みというものを持っています。その思い込みこそが、「自分の基準」であり、あの数式の「2:当たり前基準」なんです (図3-8)。

■「当たり前」を捨てれば幸福度が上がる

ミク 当たり前基準は、低いほうがいいってことですよね?

先生 当たり前基準が低いほうが、引き算の結果が大きくなるので、感じ方、つまり幸福感が大きくなります。**当たり前基準の究極は、「ゼロ基準」です**。何もないのが当たり前になる。

図3‑8 「今」を当たり前と思い込む

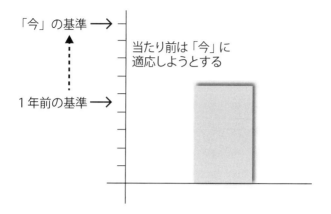

そうなれば、あるというだけでありがたい。何ごとにも感謝できます。

ミク そんなの、もはや聖者の領域では……。

先生 極めれば、悟りの境地です。たとえば、相性の合わない同僚がいて、出張などで飛行機が不時着し、無人島に２人だけが生き残ったとすると、「よく生き残れたね！」とお互いの無事を喜び合うと思います。そして「２人で協力して、近くを通る飛行機や船に見つけてもらおう」と考えるでしょう。

ミク なんか、窮地に陥る例えばっかりですが、たしかにそうですね。

先生 たしかに極端な例えではありますが、ここまでの状況になってしまえば、「生きているだけで感謝」という気持ちになるものです。

図 3-9 基準次第で捉え方は無限大

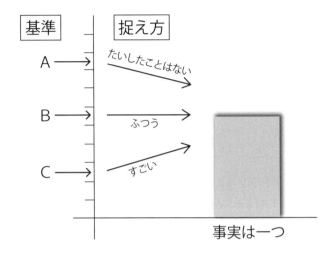

ミク　まぁ、それはそうですよね。

先生　でも、事実は一つじゃないですか。無人島に同僚と 2 人きりという。

ミク　たしかに。

先生　これが、バカンスなのか、飛行機事故で九死に一生を得るのかで、捉え方がここまで変わるわけです。**事実は一つでも、捉え方はたくさんある**（図3-9）。

ミク　まぁ、そう簡単に飛行機事故には遭いませんけど。

先生　そこは思考実験ですから。当たり前基準を究極の「ゼロ基準」まで持っていこうとしたら、このように極限の状況を想定する必要がありますが、違和感があるようなら、もう少し

現実に即した設定でもいいですよ。

ミク　現実に即した設定って、どんな感じですか？

先生　たとえば、先ほどの同僚の例でいったら、「親友のように気の合う人と一緒に仕事をしたい」という高い基準から「仕事さえスムーズにいけば、問題ない」というところまで基準を下げてみます。すると、「別に嫌がらせをされるわけじゃないし、無視されるわけでもない。ちょっと話が合わないだけ」ということになり、一緒に仕事をすることが苦ではなくなります。

ミク　なるほど。それならできそうです。

先生　できそうなあたりから、少しずつ進めていきましょう。ステップバイステップです。ともかく、まずは「**当たり前基準はいくらでも自分で自在に変えられる**」と知っておくことが大切です。

■あなたが過去にあったトラブルや失敗の事実は何ですか?

例)病気、事故、けんか、詐欺など

$$3（事実）- 2 = 1$$

....

....

....

....

....

....

■その事実について、どのような捉え方ができますか?

●当たり前基準を上げてみると:

$$3 - 4（基準）= -1（感じ方）$$

....

....

....

....

●当たり前基準を下げてみると:

$$3 - 2（基準）= 1（感じ方）$$

....

....

....

....

4 できることはカンタン、できないことは スゴイと感じてしまう「雲の上の法則」

ミク 「当たり前」の話が出ましたけど、周りの人たちの当たり前レベルがすごすぎて、しんどいときがあります。

先生 なるほど。たとえば、どんな当たり前でしょうか?

ミク バイリンガルだったりプログラミングができたり、そういう人がたくさんいるんです。私から見たらすごいことなのに、本人はできて当たり前だと思っている。全然ドヤ顔もしない。

先生 その人たちにとっては、おそらく特別なことではないんでしょう。

ミク それに引き換え、私ときたら……。

先生 そんなに卑下しないでください。**自分にできることや知っていることは実際以上に簡単に感じるし、できないことや知らないことは実際以上に難しく感じる**。これもまた一つの法則です(図3-10)。

ミク そうなんですか?

先生 はい。物事を習得するとき、自分がある程度のレベルを超えると、それはもう当たり前で簡単なことに感じます。ミクさんは、自転車に乗れますか?

ミク はい。今でも駅まで自転車を使ってます。乗れて当たり前です。

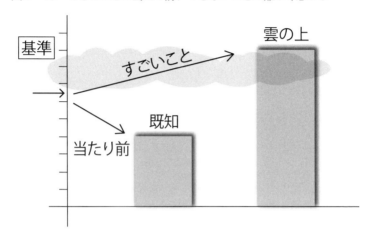

図3-10　できることは当たり前、できないことは難しく感じる

先生　でも、子どもの頃、自転車に乗れるようになるまでは、大変じゃありませんでしたか？

ミク　たしかに、何度も転びました。日曜日になるとお父さんと公園で練習して。

先生　乗れるようになるまでは、ものすごく難しくて「私にはとてもできない」と感じていたんじゃないでしょうか？

ミク　そうです、そうです。みんな乗れているのに。「私なんて一生自転車に乗れるようにならないんだ」って、泣きながら帰ったこともあります。

先生　自転車というのはとても分かりやすくて。乗れるようになるまでは、ちっとも乗れる気がしない。でも、乗れるようになった途端、今度は乗れなくなることができなくなってしま

います。

ミク たしかにー。

先生 できないときは、必要以上に難しく感じてしまうものなのです。実はあともうちょっとというところまでできていたとしても、とてつもなく難しいと思い込んでしまいます。でも、いったんできてしまうと「あら、こんなに簡単なことだったの」と。

ミク もうできない頃には戻れないわけですね。

先生 そうなんです。でも、この「できる」と「できない」は、意外と紙一重だったりするんです。なので、自分には無理だと思えるようなことでも、気にせずどんどんチャレンジしてみればいい。できないことは雲の上だと思っていても、案外簡単に自分もそこまで到達できたりしますから。

ミク そんなもんですかね？

先生 そうですよ。「ちょっとやってみればできるんだ」くらいに思えれば、やる気も出てきますから。

ミク なるほど。腐らず頑張ります！

■あなたができないことで、すごいなと思うことは何ですか？

例）スポーツ、楽器、計算、語学など

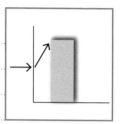

....

....

....

....

....

....

....

■あなたができることで、こんなの当たり前と思うことは何ですか？

例）スポーツ、楽器、計算、語学など

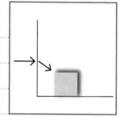

....

....

....

....

....

....

....

5 「ないもの思考」と「あるもの思考」

先生 「当たり前」というのは、スキルや知識に限った話ではありません。環境についても、当たり前すぎて見落としてしまうことがあります。

ミク 環境？　エコってことですか？

先生 そっちの意味の環境ではなくて、今生活している場所の状況のことです。たとえば、日本なら平和で治安がいい。

ミク はい。まぁ、普段あんまり意識しませんが。

先生 そう。その「意識しない」というのが、もはや当たり前になっている証拠です。平和で当然、治安がよくて当然になっている。たとえば、財布を落としたら、それが警察に届いている。これって、海外ではあり得ないことです。

ミク たしかに。大学時代、留学生の子とカフェに行ったとき、スマホで席をキープしてたら、めっちゃ驚かれました。

先生 それはきっと、衝撃だったと思います。世界的にも、こんなに平和な国、奇跡ですから。紛争が起こっている国なんて、自分の頭上を銃弾が飛び交うことだってあるわけです。それに比べて、今の日本は、どれだけ平和で治安もよく、インフラが整備されているか。

ミク 終戦記念日くらいしか、平和について考えることはないかも。

先生 さまざまな歴史を乗り越え、これだけの制度を作り、

これだけの環境が築かれてきました。でも、私たちはそれをみんな当たり前だと思っています。

ミク　ですよね。私も当たり前だと思っていました。

先生　しかも、ちょっとダメなところにばかり目が行く。

ミク　ほんと、おっしゃる通りです。

先生　すべてがうまくいくなんてありません。完璧な世界など存在しないんです。今あるものを当たり前だと思い込み、ないものに対して不平不満を言う。この、ないものねだりを「ないもの思考」と呼んでいます。

ミク　私、「ないもの思考」にどっぷりです。

先生　ぜひ、「あるもの思考」にシフトしていきましょう。

ミク　どうすればいいんですか？

先生　先ほどのゼロ基準です。ゼロ基準で見たら、すべてのあることに対して感謝の思いが湧いてきます（図3−11）。

ミク　またゼロ基準ですか。私にできるかな……。

先生　ゼロに至ることはできなくても、**基準に自在性をもたせることが大切です**。今持っている基準に固執せず、基準をいろいろと動かしてみましょう。

ミク　ゼロ基準でなくてもいいんですね。それならできそうです。

■時にはゼロ基準を捨ててみる

先生　「常にゼロ基準でいなさい」という教えもあるでしょうが、これはこれで結構息苦しいと感じることがあります。ま

図 3-11 ゼロ基準で「あるもの思考」へ

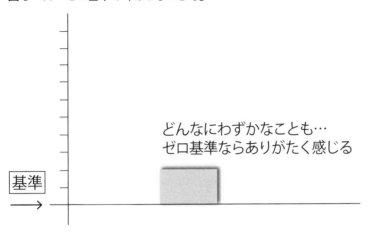

どんなにわずかなことも…
ゼロ基準ならありがたく感じる

基準
→

た、常にゼロ基準で見るようになると、今の状態に満足してしまうということも、ある意味で問題です。

ミク　どうしてですか？　満足できるんだったら、幸せじゃないですか。

先生　幸せになることを求めているならそれでも構いません。でも、人生には「もっと上を目指したい」という向上心に燃える時期があるものです。そんなときは、あえてゼロ基準を外して、「まだまだだ。もっと頑張るぞ！」と奮起する必要があると思います。

ミク　たしかに。満足したら、やる気が出ないですもんね。

先生　ああいう見方もできるし、こういう見方もできる。そんなふうに**自在に基準を動かせる**ようになりましょう。

ミク　基準を動かすって、どうすればいいんですか？

　先生　たとえば、**場所を動かしてみます**。日本じゃないとしたら？　フランスだったら？　インドだったら？　メキシコだったら？　と考えてみる。

　ミク　そうか。たしかに、外国だったらスマホを席に置きっぱなしとか、考えられませんよね。

　先生　あとは、**時代を動かしてみる**のもいいですね。たとえば、30年前だったら。スマホなんてありませんから、待ち合わせのトラブルが多発しました。

　ミク　スマホがないのに待ち合わせなんて、信じられないです。何かあったときは、どうやって連絡するんですか？

　先生　駅前の伝言板とか公衆電話ぐらいしか連絡の方法がありませんでした。一部のビジネスマンがポケベル（ポケットベル）を持っていた程度です。

　ミク　えー、デートで会えなかったら、めっちゃ困るじゃないですか。

　先生　そんなこともありましたねぇ。

　ミク　あ、もしかして、奥様ですか？

　先生　いや、その……ともかく、基準を自在に動かせるようになりましょうね。

■あなたのいる環境で当たり前すぎて気づいていないものは何ですか?

例）平和、時間通りに動く電車、電気・ガス・水道、スマホなど

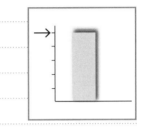

■あなたの当たり前基準を動かすことで「感謝」できることは何ですか?

例）家族がいること、仕事があること、食べ物があることなど

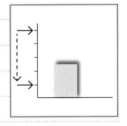

Chapter 3 まとめ

- 「3：事実」-「2：当たり前基準」=「1：感じ方」

- 事実は一つ、解釈（捉え方）は ∞

- 当たり前基準を「自在」に動かそう

Chapter
4

人間関係をスッキリ
交通整理する「ベクトル」

FUTURE　　　　　NOW

1 「自分の基準」と「相手の基準」

　ミク　あの、実はちょっと悩んでいることがありまして……。

　先生　どうしました？

　ミク　課長のパワハラが……。

　先生　それは大変ですね。どんなパワハラを受けているんですか？

　ミク　入社３年目になって、少しずつ新しい仕事を振られるようになったんですね。取引先と直接やりとりするような。

　先生　はい。責任のある仕事のようですね。

　ミク　そうなんです。でも、よく分からないことも多くて。で、フリーズしていると「何やってるんだ！　モタモタするな」って。初めてなんだから、分かるわけないじゃないですか。

　先生　それは困りましたね。

　ミク　「なんで、分からないってことくらい分からないんだよ！」って、こっちがキレたくなっちゃいます。

　先生　なるほど。では、自分の基準、相手の基準について、話していきますね。

　ミク　お願いします。

　先生　これも、先ほどの引き算で説明していきます（図４−１）。「当たり前基準」には、「２：自分の基準」もあれば、「４：相手の基準」もあります。課長さんにとっては、慣れたものでチャチャッとこなせる仕事なのかもしれません。しかし、まだ入社

図4-1 自分の引き算と相手の引き算

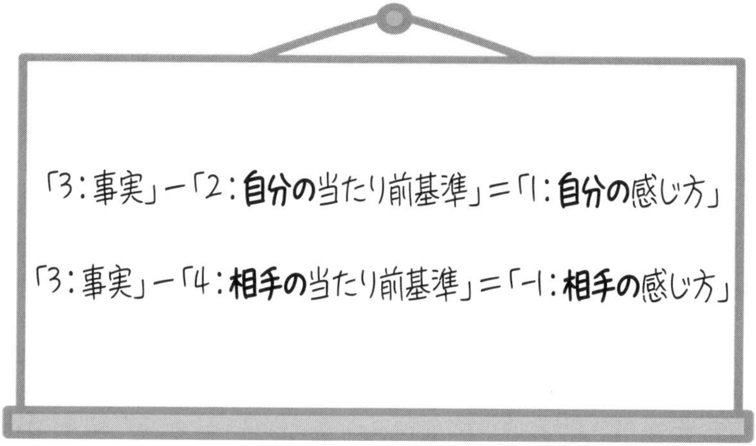

「3：事実」ー「2：**自分の当たり前基準**」＝「1：**自分の感じ方**」

「3：事実」ー「4：**相手の当たり前基準**」＝「-1：**相手の感じ方**」

3年目のミクさんにしてみれば、初めてだし、責任もあるし、なかなかにしてチャレンジングな仕事なわけです。

ミク ほんと、そんな感じです。

先生 となると、課長さんとミクさんで、この仕事に対する捉え方は違ってきます。捉え方が違うと、つい、まだ経験の十分ではない部下や後輩に向かって、「そんなこともできないのか！」とか、「なんでできないんだよ！」みたいに、自分の基準から頭ごなしに評価してしまう（図4-2）。

ミク まさにそれです。もう、ほんとイヤ。

先生 これは、相手の基準を理解できていないから起こることです。

ミク 何をやっても、何もやらなくても怒られるんです。

図4-2 自分基準と相手基準の捉え方の違い

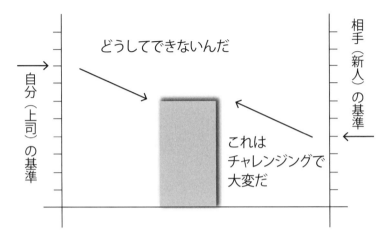

先生 積極的にアイデアを出しても、「低レベルな発言するんじゃない！」みたいに、言われてしまったり。

ミク まさにそうです。もう、何を言っても怒られるので。

先生 そうやって、相手を萎縮させてしまうんです。でも、課長さん、たぶん悪気はないんですよ。むしろ、ミクさんが失敗しないように、よかれと思って注意しているはずです。

ミク え、本当ですか？　もう、嫌がらせとしか思えないんですが。

先生 おそらく、部下が出してくるようなアイデアや意見は過去に一通りやっていて、意味がないということが分かっているのだと思います。それを自分の経験として知っている。そして、それが自分の基準になっているんです。

2 コミュニケーションが良好になる 「三つのステップ」

ミク でも、その基準で話されたって、こっちは分からないじゃないですか。

先生 そうなんです。自分よりまだ経験が浅い人に対して、どんなコミュニケーションを取っていけばいいのか、ということです。

■よき指導者になるためには

先生 まずは、「**①相手の基準に合わせる**」必要があります。すると、相手の基準に立つことで、「なるほど。そう考えたから、そういう発言をしたんだね」と、「**②共感、寄り添う**」ことができるようになります。

ミク 私も寄り添ってもらいたいです。

先生 そうですよね。上からじゃなく、隣に寄り添って共感してもらえれば、ミクさんだって、萎縮せずにずっと動きやすくなるはずです。

ミク もう、今は本当に怖くって。

先生 自分の基準のままでは、知識も経験もあって当然だと思ってしまうため、発言もきつくなってしまいます。でも、相手の基準に合わせ、寄り添い共感すれば、「自分はこんな経験をしてきたんだ。こうするとうまくいくよ」と「**③エスコー**

図4‑3　経験の浅い人とコミュニケーションが良好になる3ステップ

自分（上司）の基準
①
②

①相手の基準に合わせる

②共感・寄り添う

③エスコートする

相手（新人）の基準
③

ト」して、相手を自分の基準まで引き上げるサポートをしてあげることができます。

　ミク　エスコートなんて、してもらったことないです。

　先生　この「①相手の基準に合わせる」→「②共感、寄り添う」→「③エスコート」の手順を踏むことが大切です（図4‑3）。

３ 相手に寄り添ってもらうための「逆コミュニケーション」

　ミク　そんな素敵な上司、どこにいるんですか……。

　先生　頭ごなしに「何も分かってねぇな」「早くやれよ」と

いうのは、自分が相手の基準に降りて行こうとせずに、自分の位置から相手を引っ張り上げようとする態度です。

ミク　うちの課長は、まさにそれです。

先生　これはこれで、指導する気はあるんです。ただ、引っ張り上げようとすると、どうしても力ずくになってしまいます。これでは、相手はなかなか動きません。

ミク　あんな言い方されたら、動く気になれませんって。

先生　そうです。だから、自分から相手のいる位置に降りて行って、「あぁそうか、ここにいるのか」と。「こっちがいいぞ」みたいなエスコートをしてあげれば、コミュニケーションがうまく取れるようになります。

ミク　話は理解できましたが、これって課長に言ってもらわないと……。私はどうすればいいんですか？

■アドバイスがほしいときには

先生　立場が上の人にアドバイスしてほしい場合の依頼の仕方ですね。

ミク　それ、聞きたいです！

先生　自分はまったくの新人、相手の方は百戦錬磨。そんなときに、教えを請い、自分を導いてもらうためには、どうしたらいいか。

ミク　どうしたらいいんですか？

先生　要は逆なんです。

ミク　逆？　どういうことですか？

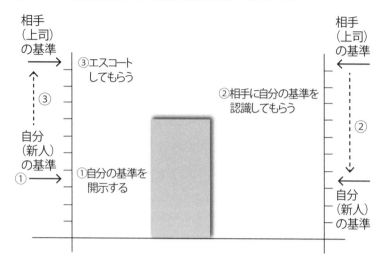

図4-4　経験豊富な人から教えを請うための3ステップ

先生　この場合、自分が相手の基準に合わせに行くということはできません。なぜなら、こちらには経験がないんですから。

ミク　たしかに、そうですよね。

先生　では、どうするかというと、相手の方に自分のところまで降りてきてもらえばいいんです。

ミク　え、そんなことできるんですか？

先生　簡単ですよ。「今、私はここにいるんです」と、自分の知識や経験がどういう状態なのか「**①自分の基準を開示**」しましょう。その上で「私はこう思うんですけど」とか「分からないので教えてください」と伝えましょう（図4-4）。

ミク　そんなの、うまくいきますか？

先生　大丈夫ですよ。きっと課長さんは部下を無視している
わけではなく、自分としては、ちゃんと指導しているつもりな
んです。そういう人は、部下から素直に「教えてください」と
頼られたら、「**②部下の基準を認識**」して張り切って教えてく
れ、「**③エスコートしてくれる**」ものです

　ミク　なるほど。課長に寄り添ってもらえるように自らアウ
トするわけですね。

　先生　はい。つまりはそういうことです。

4　優秀な部下は、上司をうまく動かす

　先生　あともう一つ、立場としては相手が上なのに、自分の
ほうが優秀だという場合についても説明しますね。

　ミク　デキる社員ってことですね。

　先生　そうです。数年後には役立つと思いますよ。

　ミク　そ、それはどうでしょう……。

　先生　たとえば、「社長にうまく立ち回ってほしいけど、正
面切って言ったら、きっとカチンとくるだろうな」というよう
な場合。

　ミク　うわぁ、なんか、ありがちな感じですね。

　先生　立場が上の人に対してどう伝えればいいのか。こうい
うときは「秀吉・信長戦法」を使います。秀吉は最終的には天
下を統一するほどの器です。かなりの才覚・才能を持った人物。

そんな秀吉も、最初は信長の家来で「サル」と呼ばれていたといわれています。

ミク　たしか、農民だったんですよね。草履を温めたとかなんとか……。

先生　そうです。そんな立場から一歩一歩のし上がっていきました。すると、信長の身の回りの世話だけでなく、戦術なんかも見えてきます。そのとき、「うわ、信長様まずいことしようとしてる」と思っても、「そうじゃないですよ、こうしないといけないですよ！」なんて、口が裂けても言えません。

ミク　たしかに、信長ブチキレそう。

先生　まず、首が飛ぶでしょうね。そこで、知恵者の秀吉はどうしたか。

ミク　どうしたんですか？

先生　チラッチラッとヒントだけ出したんです。それで、信長が正解に気づいたら、すかさず「さすが信長様！　私めにはとても思いつきませんでした」と。

ミク　え、何？　その茶番……。

先生　でも、これはとても効果的なんですよ。**本人が気づいたという形を作ることで、相手の顔を立てる**わけです。

ミク　そっか。相手のほうが偉いから、なかなか素直になれないわけですね。

先生　そういうことです。こういう場合には、こちらが大人になってあげる必要があります。

ミク　もし、相手が鈍くて、ヒントを出してもなかなか気づ

いてくれなかったら、どうするんですか？

先生　そのときは、ダミーの選択肢を用意して、相手に選んでもらうようにするといいですよ。「これかこれで迷っているんですけど……」と、悩みを相談する感じで。そうすると「いいところまで絞れたね。この場合はこっちがいいよ」みたいに、まんまと選んでくれますから。

ミク　なるほど、そこまでしないといけないんですね。

先生　**相手のプライドを傷つけない配慮が必要**だということです。

ミク　なんか、面倒ですね。

先生　でも、こうやってうまく関係を築いておくと、大きな信頼を得ることができます。

ミク　でも、もしそれで、その上司の手柄になっちゃったりしたら、ちょっとイヤだな。

先生　それでいいんですよ。上司の信頼を得ていれば、上司が昇格するときは、自分も空いたポストに入れてもらえますから。上司の出世に一役買うという「アウトが先」をしておけば、後からしっかり「インが来る」わけです。

ミク　なるほど。結構裏のある戦略ですね。

先生　裏も表もある意味バランスです。上手に使って、人生を思い通りにしていきましょう。

■自分の基準と相手の基準はどこにありますか？

●自分の基準：

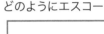

$$3 - 2 \text{(基準)} = 1$$

●相手の基準：

■自分が相手に歩み寄り、共感できますか？　どのようにエスコートできますか？

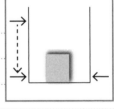

■相手に自分の基準を認識してもらうためには、どのように自分の基準を開示しますか？

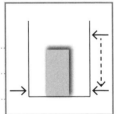

5 人間関係は「ベクトルの足し算」

ミク 楽算メソッドって、人間関係にも使えるんですね。

先生 はい。さまざまな法則を図式化したものが楽算メソッ
ドですが、人間関係には特に使いやすいと思います。

ミク 今、ほんと人間関係に悩んでいて……。どうすれば、
人とうまくやっていけるんですか？

先生 良好な人間関係を築くことができる人は、未来に向
かったベクトルを持っています。

ミク べ、ベクトル？

先生 はい。ベクトルです。数学の授業で習いませんでした
か？

ミク あの……矢印のやつですよね。

先生 そうです、ベクトルがどっちに向いているか、方向の
ことです。矢印がお互いに向き合っていると、よくありません。
同じ向きを向いていたほうが、人間関係はうまくいきます。

ミク どういうことですか？

先生 ベクトルというのは、向きと大きさを持っています。
ベクトルを足し合わせるときは、どの向きにどの大きさを持っ
ているのか、その成分を足し合わせます。

ミク はあ……。

先生 ちょうど向き合っているベクトルを足し合わせると、
お互いに相殺されて、なくなってしまいます。

図4-5　人間関係とベクトル

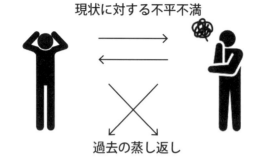

現状に対する不平不満

過去の蒸し返し

　ミク　それが、人間関係とどうつながるんですか？

　先生　自分と相手、2人の関係がうまくいかなくなるとき、現在「1」に対して、批判をしている状態です。

　ミク　え、「1」って何ですか？

　先生　これは、第5章で出てくる足し算なんですが、「1＋2＝3」という大切な数式があるんです。

　ミク　「1＋2＝3」って、当たり前じゃないですか。

　先生　この数式では、「1＝現在」「3＝未来」を表しています。

　ミク　ちょっと、よく意味が分かりません。

　先生　まぁ、今は軽く聞き流しておいてください。ともかく、現在、「お前のこんなところが気に入らない」「あなたのこういうところがダメ」とか。ひどいときには、現在にも意識が向かずに、「昔あんなことをされた」なんて、過去のことを蒸し返したり（図4-5）。

ミク なんか、カップルのけんかによくあるパターンですよね。

先生 まさにそれです。

■夫婦関係はベクトル修正で改善できる

ミク 先生も、奥様とけんかしたりするんですか？　あ、でも楽算メソッドをやってれば、そんなことにはならないのかな？

先生 それがお恥ずかしながら……。

ミク え、もしかして私、地雷踏んじゃった？

先生 大丈夫です。今はうまくいっていますから。

ミク どうやってリカバーしたんですか？

先生 現在の方向に向き合っていたお互いのベクトルを、未来に向け直したんです。

ミク すみません。私にも分かるように説明してください。

先生 関係が冷え切っていても、**現在ではなく、未来に意識を向ける**ことで、話し合いの余地が生まれます。さすがにこの状況はマズいと思って、楽算メソッドを駆使して2人で話し合いました。「今はこうだけどさ、10年後はどんな生活をしていたら幸せ？」と、妻の描く理想の未来について聞いたんです。このとき、殺伐として血みどろの未来を理想に描く人はいません。誰でも必ず、ワクワクするような未来を望むものです。

ミク 「理想の未来」って言われたら、そうなりますよね。で、奥様は何て答えたんですか？

図4-6　矢印は同じ方向に

　先生　「月に1回はおいしいところに食事に行ったり、大人になった子どもたちと、みんなで旅行に行ったり」と。こうして未来に意識が向くことで、ベクトルがお互いの方向に向き合っていた矢印から平行の矢印に変わりました（図4-6）。

　ミク　平行の矢印……ですか？

　先生　そうです。2人でワクワクする未来を思い描けば、2人の矢印は未来の方向を向きます。つまり、同じ方向を向いて平行になるんです。

　ミク　ああ、なるほど。

　先生　同じ向きのベクトルを足し合わせたら、どうなりますか（図4-7）？

　ミク　え、ええと、たしか、向きは一緒で大きさだけ足す感

図4−7　ベクトルの足し合わせ

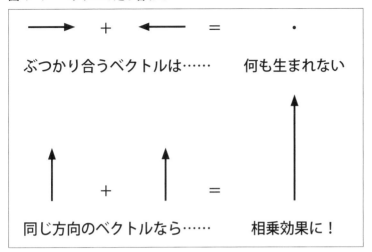

じでしたよね？

　先生　正解です！　同じ向きのベクトルを足し合わせると、矢印が大きくなります。つまり、私も妻と同じ未来を描くことで、ぶつかり合わずコミュニケーションが良好になったわけです。

6 「座る向き」で成果が変わる

　先生　仕事でも、「これは誰の責任だ」「何が悪い？」などと**現在の評価や分析、過去の粗探しばかりしていたのでは、前に**

進みません。

　ミク　ああ、いつも会議はそんな感じです。

　先生　でも、「今はこんな感じだけど、3年後はどうなっているかな？」「どこを目指したらいいかな？」という話をすると、「新しく◯◯のサービスを始めて……」「こんなにお客さんが増えて……」と会議も盛り上がります。みんなのベクトルが同じ未来に向かい、どんどんエネルギーが満ちていくわけです。

　ミク　同じ方向を向くことが大事なんですね。

　先生　はい。カフェやレストランなどにあるカップルシート（図4-8）は、席が横並びになっていて、同じ方向を見て座ります。

　ミク　そういえば、そうですね。カップルなんだから、お互いの顔が見たいはずなのに。

　先生　相対していると、お互いを批評したりぶつかったりする方向に話が向かいます。しかし、同じ方向を向いていると、和やかに会話が進みます。よく、忙しいビジネスマンが「タクシーの中で商談や打合せをするとうまくいく」と言いますが、同じ方向を向くことで、建設的な話し合いがもてるのでしょう。

　ミク　見つめ合ったほうがうまくいくと思っていたのに……。

　先生　向かい合うというのは、敵対のポジションです。裁判では被告と原告の席が向かい合っていますが、これはまさに闘いを表しています。

　ミク　これからは、席の座り方に気をつけます。

　先生　それがいいと思います。楽算アカデミーの受講生に、

図 4 - 8　カップルシート

上司との評価面談のとき、向かい合わせでなく、L字に座るよ
うにした方がいらっしゃいます。いい雰囲気で面談が進み、こ
れまでで最高の評価をもらったそうです。

　ミク　それって、その人が仕事を頑張っただけじゃないです
か？

　先生　もちろんそれもあるかもしれませんが、席による効果
も掛け合わさります。試しにミクさん、課長さんとの面談が
あったら、L字に座ってみて、どうなったか結果を教えてくだ
さい。

　ミク　分かりました。面談のときは私もL字か横並びで座り
ます。

⭐**7** 似て非なる「仲間」と「同志」

ミク 友だちとうまくやっていく方法ってありますか？

先生 あんまりお友だちとうまくいってないんですか？

ミク そういうわけじゃないんですけど……。一緒に海外移住を目指している語学スクールの友だちがいて、その子たちと話すとすごく楽しいし刺激を受けるんです。

先生 海外移住！ 素晴らしい目標があるんですね。頑張ってください。

ミク ありがとうございます。

先生 そのお友だちと何かあったんですか？

ミク いえ、そっちじゃないんです。会社の同僚のほうです。なんか、表面上のおつき合いっていうか、語学スクールの友だちみたいに何でも話せる感じじゃなくって。ちょっとモヤモヤしているんです。

先生 なるほど。それは、「仲間」と「同志」の違いを理解することで、解決できるかもしれません。「仲間」と「同志」って、同じようなものだと思うかもしれませんが、楽算メソッドでは「仲間」と「同志」を明確に違うものとして扱います（図4-9）。

ミク 何がどう違うんですか？

先生 「仲間」というのは「**1：現在**」が同じ人です。今、同じグループに所属している、やっていることが同じ。これが

図 4 – 9　仲間と同志の違い

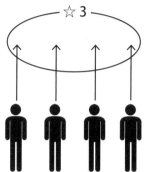

仲間

「3：未来」はバラバラ

「1：現在」が同じ

同志

「3：未来」が同じ

☆ 3

仲間です。

　ミク　はぁ……。

　先生　何を言いたいかと言うと、「見ている先はバラバラ」
ということ。**目標としている「3：未来」は違います**。みんな
違うところを見ている。たとえば、会社の同僚。現在、職場が
一緒なので仲間です。でも、ある人は自分の出世だけを目指し
て仕事をしている。ある人は、お客様の「ありがとう」の言葉
が嬉しくて働いている。また別のある人は、定年までの安定し
た収入があればいいと思って会社に来ている。てんでバラバラ
です。

　ミク　ほんと、それです。みんな違います。

　先生　こういう関係だと、転職した途端にサヨナラです。も

しかすると、社内で異動になっただけで関係が終わってしまうかもしれません。こうなったら、また同じ職場にならない限り、関係は戻りません。これが「仲間」です。

ミク　社会人になってからの知り合いは、ほとんどそんな感じです。

先生　同じ組織の一員というだけのつながりです。かたや「同志」はというと、現在の仕事や職場はバラバラでいいんです。志を共にしていれば。

ミク　「志」ですか？　なんだか、幕末の志士みたい。

先生　はい。松下村塾の志士は、まさにそうです。武士や町民など、さまざまな出自の人たちが集いましたが、志は一つ。

ミク　でも私、「志」だなんてすごいものは持ち合わせていませんが。

先生　たしかに「志」というとちょっと構えてしまいますが、そう難しく考えなくて大丈夫です。楽算メソッド的にいえば「3：未来」です。**同じ未来を共有している人が「同志」**だと思ってください。

ミク　同じ未来を見ていれば、一緒にいなくてもいいんですか？

先生　はい。場所や職業、性別や年齢には捉われません。みんなが一つの未来を見据えている組織というのは、強いつながりを持ちます。「世界平和」のような大きな目標でもいいし、もっと身近なところで「売上30％増」でもいい。スポーツをやっているなら、「全国大会出場」とかでも構いません。その

目標がなんであれ、同じ未来を見ている同志の結束は固くなります。

ミク　「仲間」と「同志」の違い、分かってきました。仲間より、同志のほうがいいんですよね？

先生　どちらがいいというものでもありません。仲間は仲間で、今の時間を共にするパートナーですし。ただ、ベクトルとしては、同志のほうが強くなります。

ミク　これも、ベクトルなんですね。

先生　はい。仲間の場合、一人ひとりが見ている未来が違うので、ベクトルの向きが違います。それらを足し合わせると……。

ミク　打ち消しあっちゃう？

先生　そうなるかもしれませんね。ところが、同志の場合、ベクトルの向きは同じ。それらを足し合わせると……。

ミク　すごく大きくなりますね。

先生　そうなんです。同じ未来を描いている人たちが集まると、ものすごい成果を出すことができます。それが図4-10のように「①仲間であり同志でもある」ゾーンです。

ミク　なるほど。

先生　ミクさんは、もしかしたら、仲間と同志がごっちゃになって、悩んでしまったのかもしれませんね。

ミク　そうみたいです。モヤモヤがスッキリしました。ありがとうございます。

先生　職場でも同じ未来を共有できるといいですね！

図 4 – 10　仲間と同志は別の軸

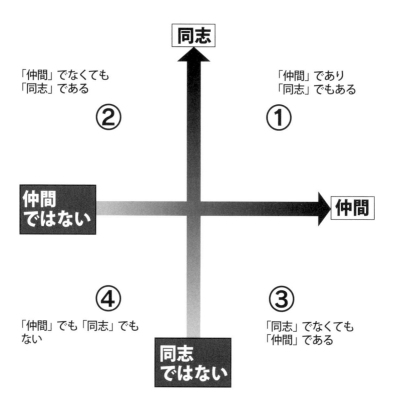

■どんな未来を見据えていますか？

●自分：

....

....

....

●相手：

....

....

....

■同じ未来を見据えるならば、どこに合わせますか？

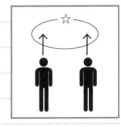

....

....

....

....

....

....

....

....

8 「利己」と「利他」は共存できる

ミク　なんか、「自分さえよければいい」って感じで仕事をしている先輩がいて。ジコチューな人がいると、大変なんですよね。

先生　たしかに、周囲の方は大変かもしれません。

ミク　すごくフォローしてくれる先輩もいるんですが、その先輩はいっつも大変そう。ジコチューな人のほうが人生得しているみたいで、なんだか不公平な感じがするんですよね。

先生　なるほど。「利己」と「利他」について、説明が必要みたいですね。

ミク　「利己」と「利他」？

先生　はい。自分のために行動するのが「利己」、他者のために行動するのが「利他」です。利己と利他を、相反する排他的なものだと思っていませんか？

ミク　だって、自分のためと他人のためだったら、反対のことですよね？

先生　利己には「自分さえよければいいという自己中心的な態度」、利他には「自己犠牲や他者貢献」といったイメージがあると思います。そうすると、利己はよくないもので利他が素晴らしいものといった二元論で語られてしまいます。

ミク　そりゃ、ジコチューよりは貢献のほうがいいことだと思いますよ。

図 4 - 11 利己と利他は排他的なものではない

先生　利己と利他は、どちらかを選ばないといけないようなものではありません（図4-11）。楽算メソッドでは、利他と利己はこんなふうに表します（図4-12）。

ミク　縦軸と横軸があるんですね。

先生　はい。縦軸に「利己」、横軸に「利他」が入ります。

ミク　これだと、利己と利他どっちかにはならないんですか？

先生　そうなんです。縦軸を上に進むと「利己」とありますが、下に進んだら何と書いてありますか？

ミク　「利己ではない」です。

先生　そうです。利己の反対は「利己ではない」。同様に、利他の反対は「利他ではない」なんです。つまり、**利己と利他は反対ではなく、別の軸なんです**。

ミク　別の軸？

先生　はい。だから、「利己でも利他でもある」とか「利己でも利他でもない」というものが存在します。

ミク　ああ、なるほど。

図 4 – 12　利己と利他の正しい関係

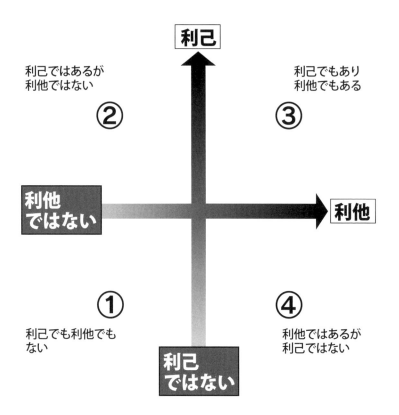

利己

利己ではあるが
利他ではない

②

利己でもあり
利他でもある

③

利他
ではない

利他

利己でも利他でも
ない

①

利他ではあるが
利己ではない

④

利己
ではない

先生　利己か利他かどちらかしかないと思い込んでいる人は、この座標でいう②と④のゾーンしか見えていません。けれど、実際には①と③も存在するんですね。「①利己でも利他でもない」と「③利己でもあり利他でもある」という二つの領域が。③の「利己でもあり利他でもある」は、自分も嬉しいし他人のためにもなるというハッピーゾーンです。

ミク　よく「win‐win」と呼んでいるやつですね。

先生　そうです。いわゆる「win‐win」というのは、この③の領域のことです。

9 利己と利他の「循環法則」

ミク　じゃあ、①の「利己でも利他でもない」っていうのは、何ですか？　何の役にも立たないってこと？

先生　そうです。自分のためにも他人のためにもなっていない。たとえば、何も行動しない人は、何もしない①の領域から人生をスタートさせます。ここからスタートして、①→②→③→④の順番に成長していきます。

ミク　あれ？「何もしない」の次がジコチューなんですか？　ジコチューより、「何もしない」のほうがマシな気がするんですが……。

先生　いえ、実は、たとえ自分のためであったとしても、行動するというのは大切なことなんです。まずは、自分のためで

いい。**自分がワクワクすること**をやりましょう。

　ミク　ジコチューって言うと嫌な感じですが、ワクワクって考えると、なんかいいですね。

　先生　はい。利己というのは、自分のワクワクです。まずは、自分が楽しいことを始めましょう。それが人のためになるかなんて、まだ考えなくて構いません。自分の楽しいことをやり続けていると、そのうち人様のためになっていきます。

　ミク　え、そうなんですか？

　先生　たとえば、ビル・ゲイツさん。コンピューターを触っていると、すごくワクワクする。でも最初の頃はまだ、人様に貢献していません。自分の楽しみのためにコンピューターをいじっていたわけです。それがしだいに、「こんなオペレーションシステムがあったら、きっと役に立つんじゃないか」となっていきます。やがて、時代が彼に追いついてきたら、もう世界中で「Windowsなしでは仕事にならない」というところまでいってしまった。世界中に貢献しているわけです。

　ミク　なるほど。これが、②→③なんですね。

　先生　はい。そこから④へと成長していきます。

　ミク　③の「win‐win」のほうが、④の「利他ではあるが利己ではない」よりもいいような気がするんですが……。人の役に立っていても自分がハッピーじゃなかったら、なんかつまらなくないですか？

　先生　では、ビル・ゲイツさんの話の続きにいきましょう。Windowsの大ヒットで、ビル・ゲイツさんは世界一のお金持

ちになります。ほしいものは何だって手に入るし、やりたいことは何でもできる。こうなると、なんだかあまりワクワクしなくなってくるんです。

ミク　ぜいたくな悩みですね。

先生　すると今度は、自分のワクワクよりも、慈善事業やみんなのためになることに意識が向かいます。そして、財団を創設し、慈善事業を始めました。

ミク　「win‐win」を極めると、そうなるんですね。

先生　はい。私欲を超越するんです。このように、**時計回りで座標を移動しながら、人は成長していきます**。なのでまずは、自分のワクワクすることをやりましょう。

ミク　なるほど。そうですか。でも……。

先生　どうしました？

ミク　なんか、ビル・ゲイツみたいなすごい人の話をされても、ピンとこないというか……。もはや偉人じゃないですか。そのうちきっと歴史の教科書に載る人ですよ。そんな人、参考になるんですか？

先生　天才だって凡人だって、法則は等しく働きますよ。では、もっと身近な例でいきましょうか。

ミク　はい。お願いします。

先生　ある女性会社員の話です。彼女は頑張って節約して貯めたお金で、年に1回海外へ旅行することを楽しみにしていました。写真の好きな彼女は、旅行先の有名な絶景ポイントに必ず行って、写真をたくさん撮るんです。

ミク　素敵ですね。

先生　はい。彼女はプロカメラマンでもないし、完全に趣味です。自分のため。そして、自分用の記録としてその写真をブログに載せていました。

ミク　アルバム代わりですよね。私もインスタ（インスタグラム）でそういう使い方をすることがあります。

先生　すると、しだいにアクセス数が増えていって、彼女の撮った絶景写真が話題になりました。そして、写真集、旅行体験の本の出版が決まり、それを読んだ人から講演に呼ばれたりするようになったんです。

ミク　なんかすごい。趣味が仕事になってる。

先生　これは、自分のワクワクが他者を喜ばせたからです。

ミク　なるほど。

先生　「これはどう貢献につながるだろう」などと考えなくて構いません。とにかく自分がワクワクすることを徹底的にやってみましょう。

ミク　はい。楽しみます！

10 循環は「一方通行」、逆走は困難

先生　でも、焦らなくていいですからね。結構、皆さんやりがちなんですが……。成功者というのは④に到達しています。先ほどのビル・ゲイツさんもそうだし、日本でも稲盛和夫さん

や、盛田昭夫さんなど、成功者といわれる人たちはもう④の領域、「利己のない利他」まで行き着いています。そして、その著書や講演で「結局のところ、人間ってこうなんだよ」という最終結論を語っています。

ミク　成功者って、人間的にも素晴らしい人たちなんですね。

先生　はい。とても素晴らしい思いを語ってくださいます。それこそ、利他の要素満載です。すると、その本を読んだ人たちは、「そうだ、社会のために尽くさねば」と熱くなってしまいます。これが、ちょっと問題なんです。

ミク　え、それっていいことなんじゃないですか?

先生　それぞれのステージというものがあって、それに応じた成長が必要です。なので、①から②に進むという段階の人が、成功者に感化されていきなり④に行こうとしてしまうのは、お勧めしません。着実に①→②→③→④のルートを経過したほうがいい。①からいきなり④に突き抜けようとしても、高くて分厚い壁が立ちはだかっています。それで、熱意が空回りしてしまうのです（図 4 - 13）。

ミク　成功者のまねをする人たちがなんだかちょっと無理しているように見えるのは、そういうことだったんですね。

先生　**自分の次のステージを行く人の話を参考にする**というのが大切なことです。

ミク　ちょっとした成功者よりも、ものすごく成功している人の話のほうが役に立つのかと思っていました。

先生　多くの方がそう思われていますね。だから、大成功を

図 4 – 13　成功への循環は一方通行

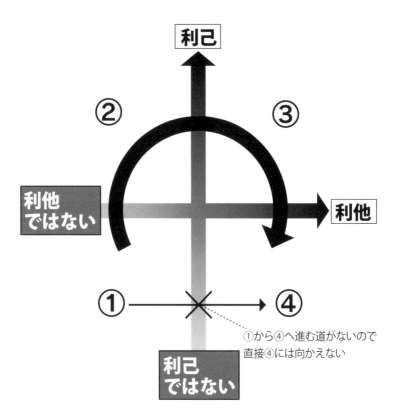

①から④へ進む道がないので
直接④には向かえない

128

収めた人の著書はベストセラーになるんです。でも、すごい人たちの言葉を生かせる人がどれだけいるのか。タイミングが合っていないのに高尚な話をされても、「いい話を聞いたなぁ」で終わってしまって、人生何も変わりません。

ミク　なるほど。いきなり高尚なところを目指してもしょうがないんですね。じゃあ、今の私はボランティアとかしちゃいけないんですか?

先生　いえ、そんなことはありませんよ。ただ、自分が今、①〜④のどのステージにいるのかを見極めることが必要です。「貢献しよう」と思って参加するより、純粋に「楽しもう」と思って参加するほうがいいでしょうね。

ミク　そっか。ボランティア自体をワクワク楽しんじゃえばいいんですね。

先生　はい。社会的意義とか、そういうことは置いといて、今は興味のあること、楽しそうなことにチャレンジしてください。**今の自分に合った「利己・利他のバランス」が大切です。**

Chapter 4 まとめ

- 自分と相手、基準は違って当たり前

- 仲間でありながら、同志であれ

- いきなり偉人の域には行けない。一歩一歩次の
  ステージへ進んでいこう

思い通りの未来をつくる
「足し算の法則」

1 「現在」＋「行動」＝「未来」

　ミク　よく、「思考は現実化する」とか「引き寄せの法則」とか言うじゃないですか。あれって本当なんですか？

　先生　本当ですよ。

　ミク　でも、そう言っている人たち、あんまり幸せそうじゃなくて。本当に思った通りになったり、願いを引き寄せたりできるんだったら、もっとイイ感じになってると思うんですよね。

　先生　これは、「足し算の法則」で説明がつきます（図5-1）。

　ミク　今度は足し算ですか？

　先生　はい。「1＋2＝3」です。

　ミク　もう、全然意味分かりません。詳しくお願いします。

　先生　「1＋2」の答えはいくつですか？

　ミク　「3」です。

　先生　そうですね。では「1＋△＝3」という式があったとき、△には何が入りますか？

　ミク　「2」です。

　先生　正解です。では今度、「1＋△＝○」という式があります。△と○には、何が入りますか？

　ミク　え？　何でも入りますけど……。

　先生　そうですね。**答えが一つに決まりません。**

　ミク　ですよね。よかった。引っ掛けクイズか何かと思っちゃいました。

図5-1　足し算のシンプル法則

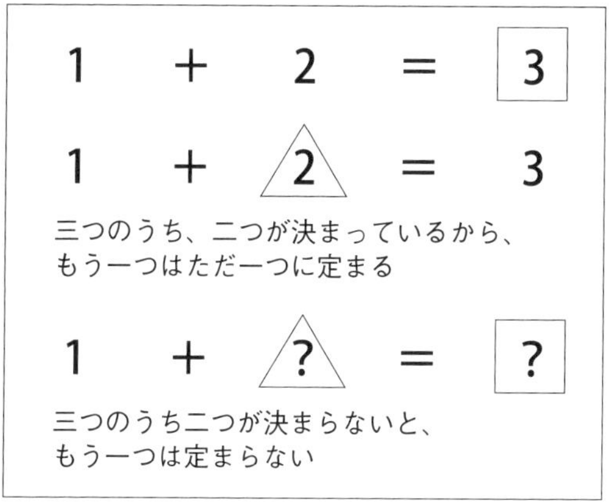

```
1    +    2    =    3

1    +   /2\   =    3
```

三つのうち、二つが決まっているから、
もう一つはただ一つに定まる

```
1    +   /?\   =    ?
```

三つのうち二つが決まらないと、
もう一つは定まらない

先生　引っ掛けでも何でもないんですが、この式と同じこと
を、皆さんは人生でやってしまっているんです。

ミク　人生で？

先生　はい。「1＋△＝○」には、答えが無限にあります。
ということは、可能性も無限にあるということです。

ミク　可能性が無限。なんかすごくカッコイイですね。

先生　はい。素晴らしいことです。それには、Aになる可能
性も、Bになる可能性も、Cになる可能性も、はたまたZにな
る可能性もあります。

ミク　サイコーじゃないですか。

先生　これって、**さまざまな可能性がある反面、行き先は何
も決まっていない**ということなんです。

ミク　あ、そうか。

図5-2　思考を現実化する法則

$$1 \quad + \quad 2 \quad = \quad 3$$

$$現在 \quad + \quad 行動 \quad = \quad 未来$$

　先生　「1＋2＝3」を現実世界に当てはめると、**1が現在、2が行動**、そして、**3が未来**を表しています（図5-2）。まず今があって、そこで行動することで、すぐ後の未来が形作られていく。これは、いつの時代にも通用するシンプルな法則です。ただし、この「1＋2＝3」の式を考えるときに大事なポイントは、**登場の順番**です。

　ミク　順番？

　先生　はい。どこを先に入れるのか。まず、現在があります。なので、「1」が先に入るのは決定です。問題は次です。「今に行動を加えるから、どんどん未来が形作られていく」というイメージをしがちなんですが、実はこれ、逆なんです。

　ミク　逆って、どういうことですか？

　先生　実は、未来が先。未来を先に決めるからこそ、それに向けた行動を取ることができるんです。「**3：未来**」を決めるから、「**2：行動**」が決まる。世の中は、この順番で動いています。これが大事な法則です（図5-3）。

　ミク　未来が先って、どういうことですか？

図5-3 「3：未来」を決めると「2：行動」が決まる

先生 たとえば、今日の午後2時に楽算アカデミーのアポイントを入れました。だから、それに間に合うように電車で来ることができたわけです。そして、私は今、ホワイトボードに説明を書こうと決めました。そして、数秒後にこうしてマーカーを手に取り、ホワイトボードに書き込みます。**決めたことしか、動けない**んです。これはすごく大事なポイントです。

ミク なるほど。

先生 ここで例をもう一つ。下世話な話ですが……。たとえば今、私がトイレに行きたい状態だったとします。でも今はここで楽算メソッドの講義をしているわけなので、「ちょっとすいません」と言うのは恥ずかしい。「トイレに行きたい」という現在はあるけれども、「行く」という未来を決めていない。さらには「休憩時間までは我慢しよう」みたいな未来も決めているんだけれども、いざ、「これはもう我慢できない」となったら、意を決して「すいません、行ってきます」と行くでしょう。それは未来を「トイレに行く」と決め直したからです。

「未来を先に決めるんだよ」というところがポイントです。

⭐2 正しい願望の叶え方

■「行動」よりも「未来」が先

ミク **「行動よりも未来を決めるほうが先」**って話でしたよね。たしかに、すぐ先の未来だと、「写真を撮ろう」と思わないとスマホをバッグから出さないし、それは分かるんです。でも、ずっと先の未来だったら、たとえば「お金持ちになりたい」とか思ってなくても、仕事はできますよね。

先生 なるほど。ではここに水道の蛇口があるとします。その蛇口には、ホースがつながっています。では、その蛇口を開けて、ホースに水を流します。

ミク 蛇口とホース……。それが未来を決めることと関係あるんですか?

先生 蛇口は「1：現在」、ホースの中は「2：行動」、ホースの先が「3：未来」です。もし、未来の3を決めずに行動すると、つまり、ホースの先を固定せずに水を流すと、どうなるでしょう?

ミク ホースの先からチョロチョロ水が流れるんじゃないですか?

先生 そうですね。では、蛇口をさらに開けて、勢いよく水を出したら?

図5-4 蛇口とホースで「未来」を考える

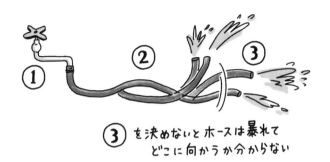

　ミク　ホース、暴れますね（図5-4）。

　先生　そうなんです。ホースの先が暴れて、めちゃくちゃな動きをします。規則性とかまったくなし。つまり、「**先を決めずに行動したら、どうなっちゃうか分からないよ**」ということです。

　ミク　ああ、なるほど。やっと話が見えてきました。

　先生　ホースの先を持って狙いを定めるからこそ、花壇に水をやったり、洗車したりできます。つまり、未来に定めた目標を達成できるわけです。途中、若干の紆余曲折、山あり谷ありかもしれませんが、「３：未来」を固定しているから、遅かれ早かれ目標にたどり着くという話です。

　ミク　だから、行動よりも未来が先なんですね。

　先生　はい。なので、「**３：未来」を決める**というのは、すごく重要です。

3 「なりたい」＝「なれなくていい」

先生 そして「**３：未来**」に何を入れるのか、これがとても重要です。皆さん日頃、無意識にいろんなものを入れています。小学生のとき、「将来の夢」みたいな作文を書きませんでしたか？

ミク 書きました。私、たしかケーキ屋さんだった気がします。幼稚園の頃はプリンセスになりたかったです。

先生 作文に、「将来、ケーキ屋さんになりたいです」とか「プロ野球選手になりたいです」という書き方をする子が一般的ですよね。これがちょっともったいないなと思っていて……。

ミク 何がいけないんですか？

先生 これは、「なりたい」を未来に設定しています。そして、その未来に向けて着実に進んでいきます。

ミク いいことじゃないですか。

先生 設定した未来に、だんだん近づいていく。「プロ野球選手になりたい」という状態が続いていきます。

ミク ん？　状態が続いていくというのは、どういうことですか？

先生 「プロ野球選手になりたい」と願う状態が叶えられている。つまり、「プロ野球選手になれていない」という状況が続いていきます。

ミク えー、意味が分かりません！

図5-5 「なりたい」未来は「なれなくていい」現実をつくる

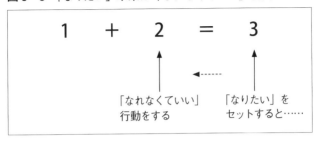

先生 プロ野球選手になれていたら、「なりたい」とは思わないじゃないですか。「なりたい」という状態は、「なれていない現実」がセットになっているのです（図5-5）。

ミク た、たしかに。でも、みんな普通に「なりたい」って言っていませんか？

先生 だから「なりたい」という願い自体はものの見事に叶っているんです。「なりたい」をセットしてしまうと、それを叶えるために、「なれなくてもいい」行動を取ってしまうのです。

ミク よく分かりません。私、「お金持ちになりたい」とか、「素敵な彼氏がほしい」とか、思っちゃってます。

先生 それだと、「お金持ちになりたい」「彼氏がほしい」という状態が叶うわけですから、**お金持ちになっていない現実と彼氏のいない現実がつくられます。**

4 「なりたい」ではなく「なる」

ミク　じゃあ、どうすればいいんですか？

先生　「**なる**」「**なっている**」を未来にセットしましょう。「私はお金持ちになる」「素敵な彼氏とつき合っている」と。

ミク　それ、ちょっとヤバい人みたいじゃないですか。「私はお金持ちになる」だなんて……。

先生　たしかに少し抵抗があるかもしれませんが、これは本当に強力なので、ぜひやってみてほしいところです。ここである少年の書いた「将来の夢」の作文をご紹介します。

■ものすごい夢を叶えた少年の作文

先生　この作文は本当にすごくて、未来の設定方法をしっかり踏まえているんです（図5-6）。

最初にいきなり、「世界一のサッカー選手になりたいと言うよりなる」から始まります。普通に「なる」と書けばいいのに、「"なりたいという気持ちではなれない"ということを僕は分かっているんだぞ」と言わんばかりの書きっぷりです。

ミク　本当ですね。それにしても、すごいことばかり書いていますね。ちょっと、読んでいて恥ずかしいくらい。まぁ、小学生なので微笑ましい感じではありますけど。

先生　すごい大風呂敷を広げているように思えるかもしれません。でも、これ、実はサッカーの本田圭佑選手が小学校6年

生のときに書いた作文なんです。

ミク　えーっ、すごい。本当に叶えてる！

先生　そうですね。ほとんど叶えています。「ヨーロッパの
セリエＡに入団します」「10番で活躍します」「Ｗカップに出
場します」。これも、「したい」ではなく「します」と言い切っ
ています。実際、本田選手はイタリアのプロリーグセリエＡ
のＡＣミランで、背番号10番をつけて活躍しました。そして、
ワールドカップにも出場しています。

ミク　すごい。これだけ夢がハッキリしているなんて、当時
から相当活躍していたんでしょうね。

先生　ところが、高校生の頃はユースチームへの昇格が見送
られるなど、そこまで頭角を現していませんでした。そんな本
田選手なのに、小学生の頃から「なる」「する」と断言してい
ました。「なりたい」という願望の形ではなく、断言している
ところがポイントです。

ミク　すごいですね。そうやって、全部叶えたんですね。

先生　はい。ある意味全部叶えています。

ミク　ある意味って？

先生　それは、点線の部分。「給料は40億円ほしいです」
「ブラジルを破りたいです」。この二つ、何か気づきませんか？

ミク　あーっ、「ほしい」とか「破りたい」とか、「なりた
い」の形になってる！

先生　そうなんです。「○○します」と言い切った夢につい
ては叶っていて、「なりたい」の部分については「**なりたい＝**

図5-6　本田圭佑選手の小学生当時の作文

「将来の夢」

ぼくは大人になったら、世界一のサッカー選手になりたいと言うよりなる。

世界一になるには、世界一練習しないとダメだ。

だから、今、ぼくはガンバっている。

今はヘタだけれどガンバって必ず世界一になる。

そして、世界一になったら、大金持ちになって親孝行する。

Wカップで有名になって、ぼくは外国から呼ばれてヨーロッパのセリエAに入団します。

そしてレギュラーになって10番で活躍します。

一年間の給料は40億円はほしいです。

プーマとけいやくしてスパイクやジャンバーを作り、世界中の人がこのぼくが作ったスパイクやジャンバーを買って行ってくれることを夢みている。

一方、世界中のみんなが注目し、世界中で一番さわぐ4年に一度のWカップに出場します。

セリエAで活躍しているぼくは、日本に帰りシーティングをし10番をもらってチームの看板です。

ブラジルと決勝戦をし2対1でブラジルを破りたいです。

この得点も兄と力を合わせ、世界の強ごうをうまくかわし、いいパスをだし合って得点を入れることが、ぼくの夢です。

出典：イタリア紙『ガゼッタ・デッロ・スポルト』2014年1月10日
(https://www.soccer-king.jp/news/world/ita/20140110/161111.html)

なれなくていい」が叶ってしまいました。

　ミク　うわ……すごい……、鳥肌が立ってきました。

　先生　ちょっとした言い回しの違いではあるのですが、これがいかに重要か、お分かりいただけたと思います。

　ミク　でも、どうしてここだけ「なりたい」にしちゃったんでしょうね。なんか、もったいない。

　先生　まぁ、これについては本田少年に聞いてみないことには分かりませんが、もしかしたらどこかで「さすがにこれは言いすぎかな」みたいに感じていたのかもしれませんよね。当時のサッカー選手で年俸40億円をもらっている人は1人もおらず、最近でもメッシとロナウドだけです。年俸40億円というのは、普通ではちょっと考えられない額なんです。これがもし4億円だったら、「もらっています」と書いていたかもしれない。勝手な想像ですけれど。

　ミク　そうか。**現実感のなさすぎる願望は、さすがに無理**ってことですね。

5　「ヤル気」よりも「ソノ気」が大事

　先生　大きな夢に向かって、「やるぞ！　やるぞ！」と奮起しても、やっぱりどこかに無理が出て、「とは言ってもさ……」というツッコミを自分で入れてしまうんです。

　ミク　なんか、分かります。熱くなればなるほど、ちょっと

冷めた自分が出てくるの。

　先生　「こうなるぞ」という熱い思いよりも、「私、当然そうなっちゃうから」という未来のイメージが大切です。**ヤル気よりもソノ気**。

　ミク　ソノ気？

　先生　はい。もう、なりきっちゃってください。「やるぞ！やるぞ！」っていう力んだ感じではなく、「もちろん、そうなっちゃうし♪」という感じ。ここはもう、妄想力勝負です。

　ミク　も、妄想力ですか……。

　先生　はい。「そんなの、当然ですけど♪　何か？」くらいにソノ気になれたら、願望実現に向かって現実がどんどん動きはじめます。

　ミク　なるほど。頑張ります！

　先生　そんなに力まないほうがいいですよ。びっくりマーク「！」がつくような「なります！」では、それこそ力が入ってしまいます。ここは音符マーク「♪」くらいがちょうどいいです。「もちろん、なっちゃうけど♪」みたいな感じで、ワクワク楽しんじゃいましょう。

　ミク　**びっくりマークよりも音符マーク**のほうが楽しそうですね♪

　先生　はい。楽しんじゃってください。この意識の違いが大事です。皆さん、つい、「よしやるぞ！」と力んでしまうんです。これでは何も引き寄せられません。「当然なっちゃいますよー♪」と力まずに。それでも、未来のイメージはしっかり。

これで願望実現は思いのままです♪

6 未来に「期限」を設定する

ミク これで完璧ですね。

先生 完璧にしたいなら、あともう一つ。**期限を決める**ようにしましょう。「いつまでにこんな自分になる♪」と決めると、実現力がパワーアップします（図5-7）。

ミク 分かりました。じゃあ、「半年後に彼氏ができる♪」でいきます。

先生 あ、その期限の決め方はよくありませんよ。

ミク え、やっぱり半年じゃ無理でしょうか？

先生 そういう意味ではなくて……。期間を決めるときは、半年後とか1年後とかではなく、「2020年8月までに」といったように、**期日を明確にする**必要があります。

ミク 分かりました。でも、どうしてですか？

先生 これは、先ほどの「なりたい」と同じことです。半年たったら、「半年後に彼氏ができる」という状態が叶いますよ。

ミク ああ、それじゃあ、いつまでたっても彼氏できませんね……では、あらためて、「2020年8月までに彼氏ができる♪」。

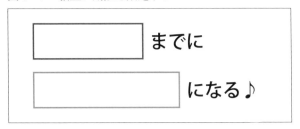

図 5 − 7　願望に期限を設定する

```
┌──────────┐
│          │ までに
└──────────┘

┌──────────┐
│          │ になる♪
└──────────┘
```

⭐7　現在値を見誤ると未来を見誤る

先生　未来をセットしたので、取るべき行動がはっきりしてきますよ。

ミク　そうですね。婚活サイトにでも登録してみようかな。

先生　え、いきなり婚活ですか？　彼氏がほしいだけでは？？

ミク　私みたいな非モテは、もっと先を見据えて行動しないと。

先生　非モテ……ですか？

ミク　はい。バリバリの非モテです。特にかわいいわけでもスタイルがいいわけでもないし。

先生　ううん、そうかなぁ。ちょっと、現在値のお話をしたほうがよさそうですね。

ミク　現在地って……ここは東京ですよね？

先生　そういうことではなくて、自分自身の現在値のお話で

「1：現在」＋「2：行動」＝「3：未来」

↓

1	実際の現在値
1.4	背伸び（過大評価）
0.6	自信がない（過小評価）

す。この式（図5‐8）に「1：現在」とありますが、この現在の状態を正しく把握するというのが、案外難しいのです。特に皆さん、ご自分のこととなると……。

ミク　たしかに、自分のことってよく分かりませんよね。高校時代の親友がめちゃくちゃ頭いいのに、いつも成績のことで悩んでて、私の立場がなかったです（笑）。

先生　よくあることです。逆に、背伸びしてしまう人もいます。そういう人は、自分の実力が「1」であっても、「いやいや、自分は1.4ぐらい。何でもできるんだ」と、自分を高く見積もってしまいます。

ミク　います、います、そういう人。

先生　背伸びをしている人が、「3」を目指そうと目標をセットすると、どうでしょう？「1.4＋△＝3」だと思ってしまいます。このとき、△はいくつですか？

ミク　1.6ですよね。

先生　そうです。でも、実際は「1＋△＝3」なので、本当

に必要な行動は「2」なんです。「1.6」では、自分の目指す未来にいつまでたってもたどり着きません。

　ミク　なるほどー。でもこれ、「1」のところに「0.8」とか「0.6」とか入れたら、めっちゃ行動して、すごいことになりそうですね。

　先生　それが、そうでもないんです。本当の自分は「1」なのに、自信がなくて「0.6くらいだな」とか自分を低く見積もってしまうと、今度は「3」という目標を設定できなくなってしまいます。「私は0.6くらいだから、目標は2.6くらいで十分」などと、イメージできる目標の器が小さくなってしまいます。

　ミク　なんか、もったいないですね。

　先生　なので、**現在値は高すぎず低すぎず、自分を正しく見積もること**が大切です。ありのままの自分をしっかり認識しておかないと、せっかく目標を立てても、違うところに引き寄せられたり、到達可能な未来よりずっと手前で終わったりしてしまいます。

　ミク　謙虚ならいいってものでもないんですね。

　先生　はい。ミクさんは自分を低く見積もりすぎのような気がしますよ。

　ミク　そっか。いきなり婚活するのはやめて、周りの人に彼氏募集中をアピールすることから始めてみます。

■他人と比較しても意味がない

先生　周りの人にアピールして協力してもらうアイデア、いいですね。

ミク　目標って、人に言ったほうがいいんですか？　よく「有言実行」とか言いますけど。

先生　人に言ったほうが退路が断たれるし、自分に言い聞かせることができるので未来に向けて打ち込みやすくなります。恋人がほしいときは、言ったほうが紹介してもらえるチャンスが増えるでしょうが、人と比べる癖のある方は、人目を気にして目標を下げて宣言することがあるので。

ミク　ああ、なんか、分かる気がします。私も、「彼氏できます」なら言えるけど、「お金持ちになります」は言えないかも……。

先生　他人の目を気にしたり、他人と比較したりしていいことなんて何もありません。多くの人がやりがちなのは、今の自分の現在値を「あの人に比べて自分は……」と比較してしまうこと。

ミク　それ、すごくあります。

先生　あとは、誰かの「3：未来」を聞いて、「あの人はあれを目指してるらしい。面白そうだな、自分もそこを目指そうかな」と、他人の未来を自分の未来にセットしちゃう人もいます。

ミク　でも、自分がどうなりたいかって、なかなか難しいですよね。

図5-9　ウサギとカメはどこを見ている？

　先生　そうですね。でも、他人の未来をセットしても意味が
ありません。大事なのは、自分の未来をどうセットするかです。
なかなか前に進めない人は、他人との比較ばかりしています。
でも、前に進める人は自分の未来をしっかり見ています。

　ところで、ウサギとカメの話、知っていますよね（図5-9）？

　ミク　え、イソップ童話？

　先生　そうです。ウサギとカメが競争するわけです。のろの
ろ歩くカメと、ぴょんぴょん進むウサギ。どちらが勝ちました
か？

　ミク　カメです。

　先生　そう。ウサギは負けてしまう。なぜ負けたんでしょ
う？

図5‑10　他人との比較ではなく、自分の未来を見定める

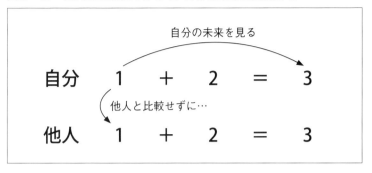

ミク　たしか、昼寝しちゃったんですよね、ウサギが。

先生　そうです。優位だったウサギが見ていたのは、ゴールではなくて競争相手のカメでした。「あいつはまだあそこにいる。余裕だな」と油断して寝ちゃうわけです。このとき、カメが見ていたのは、ウサギではなく、自分の目指すゴールでした。だから、ウサギがどこにいようと、ひたすらゴールに向かって歩き続けたのです。

ミク　ゴールから目を離しちゃいけないんですね。

先生　そうです。**周りは気にせず、人と比べず、自分のゴールをちゃんと見定めましょう**（図5‑10）。

■ワクワクする「3：未来」はいつまでにどうなっていますか？

> # 「1：現在」+「2：行動」=「3：未来」

■その未来を鮮明にイメージできますか？

8 行動は「動き×想い×ベクトル」

先生 未来をセットして、自分の現在値を把握したら、いよいよ行動です。

ミク はい！　行動します！

先生 まだ力が入っているようですが……。未来と現在が決まれば、行動も自ずと定まります。この「行動」には、三つの成分があるので、それについて少し説明しておきますね。

ミク 行動の成分って、どういう意味ですか？

先生 行動は、「動き×想い×ベクトル」で成り立っています（図5‐11）。

ミク 行動なんだから、「動き」だけなんじゃないんですか？

先生 「行動」なので「動く」ことは当然です。でも、ただ動けばいいという話ではありません。まずは「ベクトル」、つ

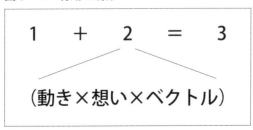

図5‐11　行動の成分

1　＋　2　＝　3

（動き×想い×ベクトル）

まり方向が大事です。たとえば介護で、寝ている人を起こしてあげようとするとき。

　ミク　私も、おばあちゃんの家に行くと、ベッドから起こしてあげることがあります。

　先生　そのとき、どこを見て起こしていますか?

　ミク　もちろん、おばあちゃんを見ていますけど。

　先生　それだと、結構力がいると思います。

　ミク　まぁ、人を起こすんだから、それなりに力は使います。

　先生　寝ている現在地、つまり「今」を見続けたまま起こすときは、力を必要とするんです (図5‐12)。

　ミク　でも、普通は相手を見ながら起こしますよね?

　先生　今度、試しに、未来を見ながら起こしてみてください。

　ミク　未来を見ながら?　どういうことですか?

　先生　ちょっと先の未来には、おばあさんは起こされています。その起き上がる方向を見て起こしてみましょう。そうすると、持ち上げるときに必要な力がまったく変わります (図5‐13)。

　ミク　えー、そうなんですか?

　先生　はい。今を見ながら起こす場合、けっこう力がいりますけれど、起こす先を向きながらやってみると、「なんでこんなに簡単に上がるの?」と驚くくらい違ってきます。これは、介護の現場で働く方には、ぜひ知っていただきたいことです。

　ミク　でも、どうして先を見ると軽くなるんですか?

図 5 - 12　おばあちゃんを見ながらベッドから起こす

図 5 - 13　おばあちゃんを起こす方向を見ながらベッドから起こす

9 行動の効率を上げる「ベクトル」

先生 ベクトルの分解と合成の話を覚えていますか？ 横軸方向と縦軸方向に成分が分かれます（図5-14）。

ミク ベクトルの分解と合成……ですか？

先生 はい。ベクトルの向きが斜めのとき、縦軸の成分と横軸の成分に分けて足し算や引き算をします。図5-15を見てください。「現在」が真ん中（0）、原点ですね。そして、自分の目指す先が目標の6だとします。6に向かってまっすぐすべての力を使えば、6の目標に近づくことができます。

しかし、目標の未来を見ずに力を入れていても、力の方向は斜めの細い矢印のようになってしまう。これでは効率よく目標に向かわない。同じ6の力をかけても、縦方向と横方向の成分に分解すると、持ち上げるために使われているのは太い矢印のようになってします。

ベクトルの向きが適切でないと、6の力を出しても目標のためには2しか使われません。このままのベクトルで起こそうとしたら、この斜めの大きな矢印分、つまり、18という大きな力が必要になってしまいます。3倍も力をいれなくてはいけません。

ミク そんなに違うんですね。

先生 しかし、ちゃんと目標の方向を見ていたら、6の力で持ち上がる。どこを見て動くかというのは、すごく重要なポイ

図5-14　ベクトルは方向が大事

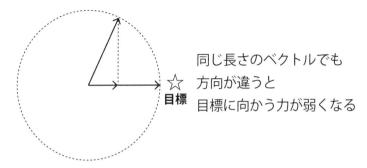

同じ長さのベクトルでも
方向が違うと
目標に向かう力が弱くなる

☆
目標

図5-15　目標に照準を合わせたとき、合わせないとき

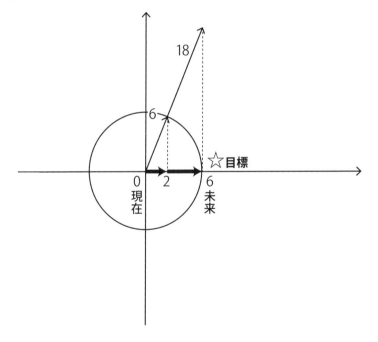

ントです。

　ミク　なるほど。これでおばあちゃんを楽に起こしてあげられます。

　先生　これは、物理的な力に限りません。**未来を見据えて**仕事をしているか、コミュニケーションを取っているか。見ている先が実は大切。多くの人は、現在を見ています。今ばかり見ながら動いても、なかなか先には進みません。

10 行動を一気にブーストさせる「想い」

　先生　行動を一気に加速させるブースターのような役割を果たすのが、「想い」です。

　ミク　なんで「想い」が行動に関係するんですか？

　先生　ものすごく関係があるんです。介護動作の例でいうと、ちゃんと起こす先を見ながら力を入れていても、「なんで私がこんなことしなきゃいけないの。面倒くさいな」という想いで起こすのと、「どうぞ、起き上がってくださいね」と愛あふれる想いで起こすのとでは、必要な力がまったく変わってきます。むしろ、ベクトル以上にこちらのほうが変化を感じるくらいです。

　ミク　ベクトルよりも……ですか？　ベクトルは力の働く方向という意味で理解できるんですが、想いがベクトルよりも影響するっていうのは、なんか、ちょっとスピリチュアル系の香

図5-16 エネルギー方程式「E＝mc²」

りがします。

先生 スピリチュアル系どころか、バリバリの物理法則ですよ。なぜ「想い」がそこまで影響を与えるのか。それは、アインシュタインのエネルギー方程式にヒントがあります。

ミク ヒント自体が難しすぎるんですけど。

先生 大丈夫ですよ。エネルギー方程式というのは「E＝mc²」という式です（図5-16）。Eはエネルギー、mは質量、cは光速、「光の速さ」。2乗になっているので、光の速さは2回掛けます。これが、アインシュタインの発見した式です。

ミク 見たことはある式ですが……。

先生 これを、先ほどの介護動作に当てはめてみます。Eはそのまま、起こすためのエネルギーです。mの質量は、ここで

は、持ち上げるのに必要な筋肉量（筋力）を表します。

ミク　じゃあ、cは何ですか？　光の速さなんて、使うんですか？

先生　光の速さというのは「目に見えないもの」という位置づけです。「速さ」は目に見えません。このcに相当するのは、目に見えないもの、つまり、介護動作の例でいうと「想い」です。どんな意識で起こすのかということが、目に見えないものとしてcに相当します。このmc^2を図解すると、図5-17のような感じです。c^2が底面積でmが高さになります。Eはこの図の何に相当するか、分かりますか（図5-17）？

ミク　えっと……体積？

先生　そうです、正解！　目に見えない「c：想い」が倍増すると、底面積は4倍。つまり、「E：エネルギー」は4倍になります。逆に、想いが半減すれば、エネルギーは4分の1になってしまいます。想いが半分になってもこれまでのエネルギーを保とうと思ったら、それこそ4倍もの「m：筋力」が必要になってしまうということです。

ミク　想いの力って、すごいですね。

先生　そうです。なんせ、2乗ですからね。これがもし、10倍の想いなら100倍の結果を生み出すことになります。

ミク　100倍って、ハンパないですね。

先生　「火事場の馬鹿力」なんて言葉が昔からあります。たとえば、あるお母さんが庭掃除をしているときに、2歳の我が子が3階のベランダから落ちる瞬間だったんです。そのお母さ

図 5-17　目に見えない想いは2乗に比例する

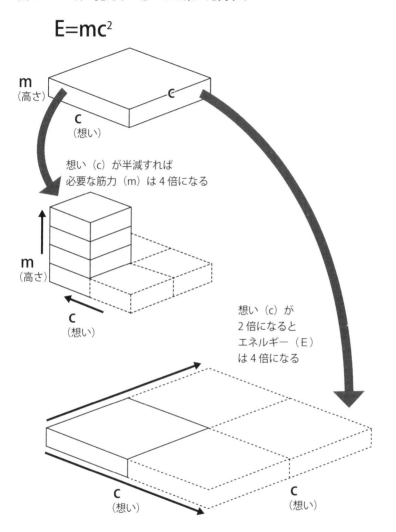

$E=mc^2$

m
（高さ）

c
（想い）

c

想い（c）が半減すれば
必要な筋力（m）は4倍になる

m
（高さ）

c
（想い）

想い（c）が
2倍になると
エネルギー（E）
は4倍になる

c
（想い）

c
（想い）

Chapter 5

んはとっさに駆け寄り、我が子を骨折ひとつせずにキャッチしました。

ミク　それはすごいことですね。

先生　このお母さんは、ただただ必死で、我が子を助けることしか頭にありませんでした。想いがドーンと一気に広がって、超人的な力を発揮したというわけです。

ミク　火事場の馬鹿力って、本当にあるんですね。私、ものの例えかと思っていました。

先生　火事場の馬鹿力は、まさにこの仕組みです。想いが爆発的に増強されることで、初めて実現します。普通ではあり得ないようなこともできてしまう。そのぐらい、この「想い」の可能性はすごいんですよ。

ミク　「想い」ってすごいですね。これまで完全にあなどっていました。

先生　誰にだって、できるポテンシャルはあるということです。もちろん、実力を鍛えることも大切ですが、「**ベクトル（向き）」と「想い」も忘れないように**。特に、「**想い」は２乗ですから**。

11　「思い」と「想い」の違い

ミク　さっきから気になっていたんですが、「思い」ではなくて「想い」を使っているのは、なぜですか？　カッコイイか

162

図 5 - 18 アウトしたエネルギーは自分に巡る

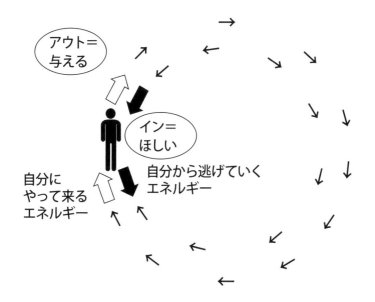

らですか？

　先生　お、いいところに気づいてくれましたね。ちゃんと意味があるんです。ここでの「想い」は、相手に対する想いです。それに対して、「思い」は、自分の思い・考えのことです。相手に向いているときは「想い」、自分に向いているときは「思い」。そんなふうに使い分けています。

　ミク　なるほど。じゃあ、夢を叶えるのに必要な「想い」は、相手に向かっているもののほうなんですね。

　先生　そうです。誰かのためにという外に向かって想いを発

Chapter 5

するからこそ、影響を与えることができるわけです。図5-18のように、「ほしい、ほしい」という「クレクレ意識」は、巡り巡って自分からエネルギーが逃げていきます。しかし、まず自分から与える、つまり誰かのために想いを発すると、そのエネルギーは巡り巡って自分にやって来るわけです。

　ミク　行動だけじゃなくて、想いまでアウトが先なんですね。

実践ワーク 10

■誰のためにやることなら想いが湧いてきますか？

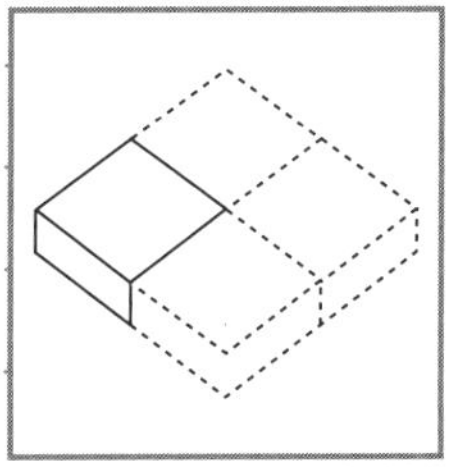

■その人のためにあなたが役に立てることは何ですか？

Chapter 5 まとめ

- 未来を決めるから行動が決まる

- 未来は「なりたい」ではなく「なる」と設定する

- 行動は「想い」と「ベクトル」の掛け合わせ

Chapter
6

時間を味方につけて成功する
「砂時計の法則」

1 自分の過去は「今」決めている

先生 未来をセットするから行動ができる。そんな話をしました。ミクさんは時間って、どう流れていると思います？

ミク どう流れているって……過去→現在→未来の順に進んでいきますよね？

先生 図6-1のように、思っていますよね？

ミク え、違うんですか？

先生 この考え方でいうと、過去について対処のしようがないんです。「過去は過ぎてしまったことだから変えようがない」と思ってしまいます。

ミク だって、本当に変えようがないじゃないですか。

先生 そうすると、「あんな失敗をした。私には能力がない」「こんなことがあった。私はついていない」と、まるで十字架でも背負うような感じで過去に捉われてしまいます。「どうせ私なんて」と。

ミク やらかしちゃったことって、本当に後まで引きずっちゃいますよね。

先生 過去の後悔ばかり引きずっていると未来が不安じゃないですか？

ミク そりゃ、不安ですよ。

先生 過去の事実。何かで失敗した、病気になった、その事実をなかったことにするのは、もちろん不可能です。だけど、

図6-1　一般的な過去、現在、未来の流れ

```
過去　→　現在　→　未来
```

その事実をどう捉えるか、そこは変えることができます。

　ミク　それって、「ものは言いよう」とか「気の持ちよう」とか、そういうことですか？

　先生　気の持ちようというか……。そもそも、「あれは失敗だった」とか「ああすればよかったのに」と捉えるのは、「**今**」**やっていることなんです。**

　ミク　でも、それが起こったのは過去ですよね？

　先生　はい。その、過去に起こった事実に、「ダメだった」という烙印を押しているのは、「今」です。今、過去を思い返している。捉え方としては、「あれはマズかったな」でも「最高でした」でもいいわけです。

　ミク　いや、でも、ヤバい出来事はどう考えてもヤバいですよ。

　先生　そうでしょうか。捉え方は、いくらでもありますよ。たとえば私、数年前に心身のバランスを崩してしまいました。そのときは「もう終わりだな」と思いました。「もう出世することはないだろう」「これからどうしたらいいんだ」と。そんなふうに、途方に暮れていたわけです。

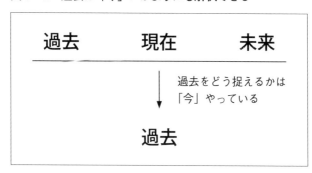

図6-2　過去は「今」いかようにも解釈できる

| 過去 | 現在 | 未来 |

↓　過去をどう捉えるかは「今」やっている

過去

　ミク　先生にも、そんなことがあったんですね。

　先生　でも今、捉え方は大きく変わっています。あの出来事があったおかげで、今こんなに楽しいことができているんですから。もし心身の不調にならずに会社で順調に出世していったら、おそらく楽算メソッドは生まれていません。今ではむしろ、不調に感謝しているくらいです。

　ミク　不調に感謝って、それはまたすごいですね。

　先生　私が心身の不調に陥ったという事実は変わりません。でも、捉え方にはここまで幅があるんです。そして、この「捉える」というのは、「今」やっていることです。**今、この瞬間に、過去をいかようにも解釈できる**ということです（図6-2）。

2 未来も「今」決めている

先生 そしてそんな過去に対して、今度は未来です。今はまだ、未来は来ていません。明日何が起こるかはまだ分からないし、1年先、今やっているプロジェクトがどうなっているか、10年先、どこの政党が政権を握っているか、分かりませんよね？

ミク はい。分からないから、知りたくて占いとかが流行るんだと思います。

先生 そうですね。朝のテレビの情報番組でも雑誌でも、必ずといっていいほど占いのコーナーがあります。どうしてでしょう？

ミク やっぱり、不安だからじゃないですか？

先生 不安ですか？

ミク だって、未来に何が起こるか分からないし、不安にもなりますって。私もたまに、会社が倒産したらどうしよう……とか考えて、眠れなくなることがあります。

先生 それは結構重症ですね。でも、その不安も、「今」つくっているものです（図6-3）。

ミク 今……ですか？

先生 1週間先はどうしてるかな、1年先はどうしているかな、というイメージ。これは**今、思い浮かべていること**です。1年先に感じているのではなく、現在「1年先」をイメージし

図6-3 未来は「今」つくっている

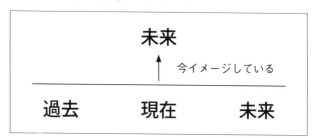

ています。

　ミク　まぁ、そういうことになりますね。

　先生　先ほど、「自分の過去は今決めている」という話をしました。

　ミク　はい。

　先生　そして今度は、今、未来をセットしているという話をしました。ということは、**過去も未来も、「今」存在している**ということになるわけです。

　ミク　過去も未来も、全部が「今」なんですか？

　先生　はい。そういうことです。

　ミク　ちょっと、頭が混乱してきました。

　先生　ここが重要なポイントです。よく「今を大切に生きるんだよ」ということが言われますが、今が大切というよりは、そもそもにおいて「今がすべて」なんです。

　ミク　今がすべて。

　先生　**今、過去をどう捉え、今、未来に何をセットしている**

か。すべて、「今」やっていることです。過去に起こった出来事を、今、どう捉え直すか。先々にどれだけワクワクする未来をセットするか。そこが大切です。

ミク　じゃあ、今現在はどうするんですか？「今ここ」とか「今を生きろ」とか言いますよね？

先生　もちろん、現在を楽しみ、味わうことも大切です。それと、過去、未来は共存します。過去をどう捉え、未来をどうイメージするか。それが、「今を生きる」という中に含まれているということです。

3 過去と未来が自在になる「砂時計の法則」

ミク　ううん……。

先生　どうしましたか？

ミク　やっぱり、過去、現在、未来のところがよく分からないんです。

先生　ここは、これまでの常識とはかけ離れているので、ちょっと理解が難しいかもしれませんね。ちょっと、図解してみましょうか。

ミク　お願いします。

先生　これまでは、このように、過去→現在→未来という理解をしていたんです（図6‐4上部）。

ミク　はい、そうです。

図6−4 「楽算メソッド」における過去、現在、未来の考え方

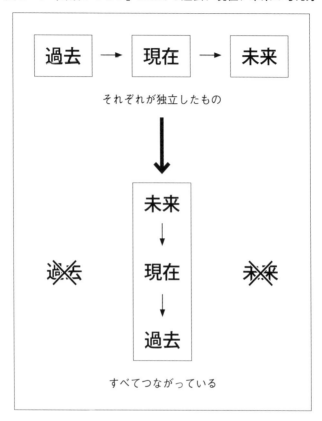

図6-5　未来、現在、過去は砂時計のイメージ

先生　これ、ぐるんと90度回転してみましょうか。

ミク　回転？

先生　こんな感じで、縦にします（図6-4下部）。「楽算メソッド」では、時間の流れは、未来→現在→過去です。

ミク　は？　どういうことですか？　ますます分からなくなってきました。

先生　未来から現在、過去に時間が流れていく。ちょうど砂時計のようなイメージです（図6-5）。砂時計の一番くびれているところが現在で、そこから過去に向かいます。

ミク　砂時計はイメージしやすいですが、時間の流れというのはまだよく分かりません。

先生　まず、未来をセットしました。

ミク　はい。

先生　未来をセットするというのは、上のガラスの部分に砂を入れるということです。その砂が、落ちてきて現在を通過する。

ミク　セットした未来が叶ったということですね。

先生　そうです。そして、それが過去のものになっていく。

ミク　ああ、なるほど。

先生　現在、つまり今は、常に砂時計の中心にあります。未来も過去も、この中心、今から見るものなのです。分かりますか？

ミク　さっきまでよりは、だいぶ分かってきました。

先生　それはよかったです。この砂時計の法則を理解できると、思うままに自分を変えることができるようになりますよ。

ミク　砂時計の法則を理解するだけで自分を変えられるって、どういうことですか？　そんな簡単に変われたら、苦労はないような気がするんですが……。

先生　みんな、過去に引きずられすぎです。「これまではこうだった」という過去の経験にがんじがらめにされています。だから、それに捉われてしまって変われないんです。

ミク　だって、仕方ないじゃないですか。いろいろあっての今、なんですから。

先生　そうですか？　この砂時計、砂はどちらに流れているんでしたっけ？

ミク　あ、未来→現在→過去でした。

先生　そうですね。この砂時計の「今」には、過去は関係あ

図6‑6　未来も過去も、いかようにもイメージできる

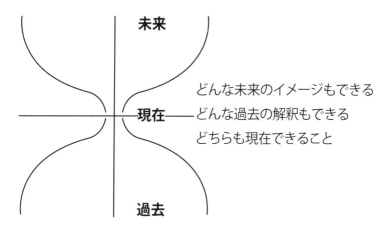

りません。だから、好きに変われるんです。未来には何だって入れられるんですから。

　ミク　どんなふうにすれば変われるんですか？

　先生　変わろうとする必要すらありません。**楽しい未来をセットすればいいだけです**。好き放題、セットしてしまってください。未来にセットしたことが、どんどん現在をつくっていきます（図6‑6）。

4 トラウマを解消する

　ミク　でも、どうしても忘れられないことってありますよね。

図6−7　未来は過去に引きずられない

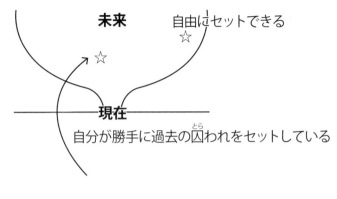

イジメに遭ったとか、ひどいフラれ方をしたとか。そういうのは、どうすればいいんですか？

　先生　ショッキングな出来事があると、心に深い傷を負って、それがトラウマになってしまうことがあります。実は、このトラウマも、砂時計の法則を理解することで解消できるんです。

　ミク　トラウマが？　それ、本当ですか？

　先生　はい。ショックが大きいと、それに引きずられて、砂時計をひっくり返してしまうんです。

　ミク　砂時計をひっくり返す？

　先生　砂時計がひっくり返ったら、どうなりますか？

　ミク　過去から今に砂が落ちてきます。

　先生　そうです。それがトラウマです。こうして、過去の出

図 6-8　未来をセットすると過去の解釈が変わる

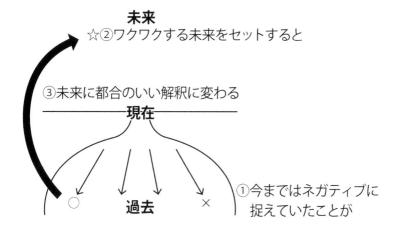

来事を何度も何度も反芻してしまいます。しかし、砂時計の法則の仕組みが分かっていれば、**自らの意思で未来をセットし直すことができます**（図6-7）。

　ミク　そうしたら、嫌な出来事を忘れることができますか？

　先生　いえ、忘れることはできません。記憶ですから、思い出してしまうのはいたしかたない。しかし、思い出したからといって、恐怖がよみがえることがなくなっていきます。これは、未来をセットすることで、過去の解釈が変わってくるからです（図6-8）。解釈が変われば、出来事と感情を切り分けることができるようになるので、その記憶に引っ張られることはなくなります。

　ミク　過去の解釈って、やっぱり後悔とか自分へのダメだし

ばっかりしちゃいそうな気がするんですが……。

　先生　であれば、なるべく「**自分がセットした未来にとって
都合のいい解釈**」をするようにしてみましょう。

　ミク　都合のいい解釈？

　先生　そうです。たとえば、ひどい失恋をしたとします。思
い出すだけで悲しくなってしまう、と。でも、「素敵な彼氏が
できる」という未来をセットしたなら、そこから最も都合のよ
い解釈をしてみるんです。どう解釈しますか？

　ミク　えっと……新しい彼氏に出会うために別れた……と
か？

　先生　いいですね。そんな感じです。同じ出来事を経験して
も、捉え方は無限にできます。それなら、ワクワクするような
未来にとって、一番都合のいい解釈をして、夢を叶える推進力
にしてしまえばいいのです。

■過去のトラウマ、後悔は何ですか？

....

....

....

....

....

■ワクワクする未来は何ですか？

....

....

....

....

....

■その未来になるために必要なことだとすると、どんな過去の解釈

　ができますか？

....

....

....

....

....

Chapter 6

5 「人生すべて足し合わせの法則」

ミク　さっき、「思うままに自分を変えることができる」っていう話がありましたよね？

先生　はい。変われますよ。

ミク　でも、全然変わらない人っているじゃないですか。ずっとくすぶっていて。本人がそれに満足しているわけでもなくて、いつもブツブツ文句を言っているような……。

先生　身近にそういう方がいるんですか？

ミク　課長とか主任とかお局　様とか……。

先生　結構いらっしゃるんですね（苦笑）。

ミク　そういう人って、結局ずっと何も変わらない気がするんですけど。

先生　たぶん、**変わろうと思っていないんですよ**、ご本人が。

ミク　でも、いつも愚痴とか不満ばっかり言ってますよ。

先生　口だけです。文句はあるけれど、変わるくらいならそのままでいいと思っています。安心、安定、安全を求める人は、口では何と言っていても、本心としては変わりたくないんです。現状維持を求めています。

ミク　たしかに、文句は言うけど、「何とかしたい」とは言ってないかも。

先生　そういう人は、変わるということに恐怖を感じています。今まで積み上げてきたことをぶち壊して、まったく新しい

図6-9　変わるとは積み上げ

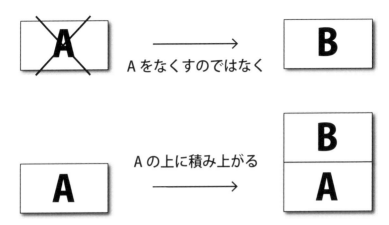

ことをやらなければ変われない。そう思い込んでいるんです。

ミク　違うんですか？

先生　人生ってすべて積み上げなんです。「変わろう」と思ったら、これまで経験してきたAを捨ててBになるのではなく、Aの上にBを積んでいけばいい（図6-9）。だから、**今まで積み上げてきた経験は、何一つ無駄になりません。人生は、すべて足し合わせです**。どんな経験であっても、失敗ですら財産に変わります。

ミク　失敗は、さすがにマイナスじゃないかと思うんですが……。

先生　そう考える方が多いです。「３＋６－４＋７－９＋……」みたいに。いいことがあってプラス、トラブル発生でマ

イナス、足して、引いて。大きなマイナスがあると、「人生無駄にした」「振り出しに戻った」と悲観したりして。

ミク　分かりますー。人生山あり谷ありですよね、ほんと。

先生　ところが本当は、**人生、すべて足し合わせしかないんです。**トラブルっぽく感じる出来事、たとえば、体調不良になるとか、リストラに遭うとか、そういうことをマイナスだと思ってしまうかもしれません。

ミク　トラブルっぽく感じるって、思いっきりトラブルだし、めっちゃマイナスですよ。

先生　いえいえ、これも人生の積み上げなんです。式で表すと、こんな感じ（図6−10）。上と下の式、もちろん答えは同じですが、捉え方はまったく変わってきます。

ミク　式の捉え方？

先生　そうです。図6−10の上の式は2の状態のときに5をもらって、そこから6を奪われて、次に8をゲットして、また7を奪われる……といった感じです。それに対して、下の式は2を持っているところに5を積み上げた。その上に（−6）を積み上げて、さらに8を積み上げて、（−7）を積み上げる。マイナスであっても、自分の経験として、糧として積み上げていくわけです。

ミク　よくいうポジティブシンキングってやつですか？

先生　ネガティブなこともポジティブに捉え直そう、ということではなく、これはもうただの法則なんです。そのように世界はできている。無理矢理ポジティブになろうとしなくてもい

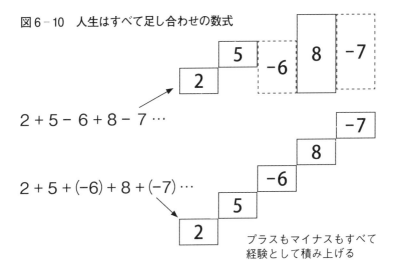

図6-10 人生はすべて足し合わせの数式

$2 + 5 - 6 + 8 - 7 \cdots$

$2 + 5 + (-6) + 8 + (-7) \cdots$

プラスもマイナスもすべて
経験として積み上げる

いんです。

ミク 安心しました。ポジティブシンキングって、どうも苦手で。

先生 大丈夫ですよ。法則を知ってさえいれば、「これも積み上げなんだなぁ」と分かります。すると、**起こった出来事に捉われず、「じゃあ、どうしようか」と次の行動に意識が向けられる**ようになりますから。

6 人は「常に成長」し続けている

先生 先ほど、「人生山あり谷あり」と、ミクさんにしては

図6-11　人生山あり谷あり

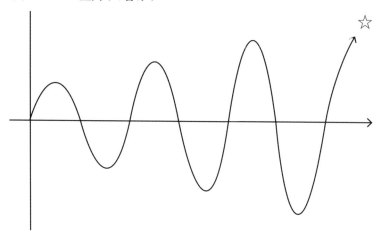

随分レトロな言葉をおっしゃっていましたね。

　ミク　いつもおばあちゃんが「人生楽もあれば苦もあるさ。くじけちゃいけないよ」って。

　先生　すてきなおばあ様ですね。その通り、人生楽あれば苦あり、山あり谷あり（図6-11）で、生きていればいろんなことが起こります。

　ミク　ほんとですねー。はぁ。

　先生　重いため息ですね。でも、「人生すべて足し合わせの法則」がありますから。**人はどんな経験でも積み上げて、常に成長している**ので、安心してください。

　ミク　でも、山も谷もあったら、足し合わせたらゼロになっちゃいますよね？

図6-12　成長とは面積（経験）の足し算

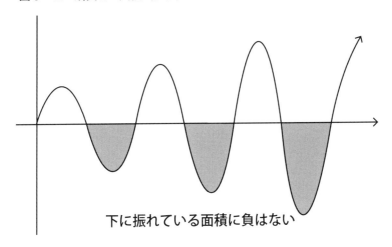

下に振れている面積に負はない

　先生　いいことも悪いことも、という意味でいったらそうですが、これ、自身の成長という観点から見ると、一味違う足し算になるんです。

　ミク　どんな足し算になるんですか？

　先生　面積の足し算です。山あり谷ありのグラフについて、グラフの指している数値を足していくと、たしかにゼロに近くなってしまいます。でも、成長の原動力となるのは、物事の善しあしではなくて、それによって得られる経験値です。

　ミク　経験値？　ドラクエ（人気ロールプレイングゲーム「ドラゴンクエスト」の略）みたいですね。

　先生　はい。経験値は、面積の足し合わせによって決まります。横軸より下にグラフが振れていても、**面積にマイナスはあ**

りません（図6-12）。なので、ネガティブな出来事に見舞われているように感じても、**しっかり経験値は増えている**。つまり、自身が成長しているのです。

　ミク　じゃあ、いいときも悪いときも、成長はしているってことですね？

　先生　そういうことです。ドラクエでは、一番弱いスライムから倒していきます。初めからいきなり強敵のドラゴンは現れません。仕事や人生もこれと同じです。まずは、自分の身の丈にあったお試しというのがやってきます。新入社員が社運を賭けた責任ある仕事を頼まれることはありません。レベルに合わせて少しずつ高くなっていくハードルを、一つひとつ丁寧にクリアしていきましょう。そうすれば、たとえ失敗しても着実に経験値は増え、成長していきます。

■過去のトラブルやつらい経験は何ですか？

$$2+5-6+8-7 \cdots$$

■その経験をしたことが自分の糧だとすると、未来にどのように生かすことができますか？

$$2+5+(-6)+8+(-7) \cdots$$

Chapter 6

7 「物事を習得するための法則」

ミク さっきの成長の話って、人としての成長のことですよね？

先生 そうです。

ミク そういうのが大事だってことはよく分かるんですが、もっと身近な、たとえば英語をマスターするとか、仕事ができるようになるとか、そういったほうの成長について、何か法則ってありますか？

先生 スキルアップのほうですね。ありますよ。物事を習得するための法則です。

ミク ぜひ、教えてください。

先生 楽算メソッドの式は「1×1×1＝1」です（図6-13）。

ミク どういう意味ですか？

先生 掛け算の最初の数字は「知る」。二つ目が「分かる」。三つ目が「やる」です。そして、右辺が「できる」。物事を習得するためには、**「知る」「分かる」「やる」の三つの要素が必要になります**。この三つが満たされて、初めて「できる」となるわけです。

ミク それが、この式とどうつながるんですか？

先生 デジタルの分野で、よく「ゼロイチ」っていうじゃないですか。

ミク 聞いたことあります。Yes か No かの二択ということ

図6-13 スキルアップの法則

1	×	1	×	1	=	1
知る		分かる		やる		できる

ですよね？

先生 この式もゼロイチです。最初の数字が0の場合、「知る」が0なので「知らない」という意味になります。ここが1なら「知っている」です。同じように、二つ目が0なら「分からない」、1なら「分かる」。三つ目が0なら「やらない」、1なら「やる」。右辺は0なら「できない」、1なら「できる」（図6-14）。

ミク 0は文字通り「ない」って意味なんですね。

先生 そういうことです。

ミク でも、実際には、「少し知ってる」とか「だいたい分かる」とかありますよね？

先生 いいところに気づきましたね。現実はデジタルのようにゼロイチでは動いていません。0と1の中間があるんです。

ミク 0.5とかがある？

先生 そういうことです。「知る」の項目でいえば、「知らない」「知っている」にきっぱり分かれるものではありません。知っているとしても知識の質がよかったり悪かったり。たとえば、野球ができるようになるための知識として、「ウサギ跳び

Chapter 6　時間を味方につけて成功する「砂時計の法則」　191

図6-14　スキルアップのバロメーター

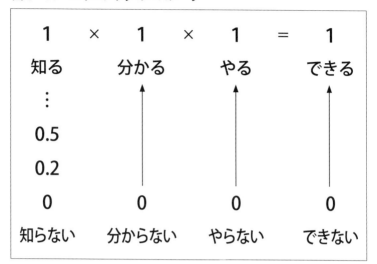

を 1000 回やる」とか。

ミク　スポ根マンガみたいですね。

先生　はい。根性論としてはアリなのかもしれませんが、ウ
サギ跳びと野球の上達にはそこまで相関関係は見られません。
これは、あまり質のよい知識とは言えませんね。でもまぁ、足
腰は鍛えられるので、数値としては 0.2 くらいでしょうか。こ
ういった質の低い情報のほかに、完全に間違っている情報とい
うのもあります。

ミク　間違った情報は、0 になるんですか？

先生　場合によっては、マイナスになることもあります。

ミク　マイナスってどういうことですか？

先生 間違った投球フォームを学んだせいで、正しいフォームに直すのに時間がかかったり、場合によっては肩を故障してしまったり。

ミク そっか。たしかにそれはマイナスですね。

先生 **正しい知識を得ることができたとしても、それが理解できていないと駄目です**。それが二つ目の「分かる」です。

ミク 「知る」と「分かる」の違いがイマイチよく分からないのですが……。

先生 知識があっても、その意味をきちんと理解できているとは限りません。たとえば「色即是空」って聞いたことありますか?

ミク あります。なんか……仏教の言葉でしたっけ?

先生 そうです。意味は分かりますか?

ミク 全然分かりません。

先生 このように、聞いたことはあるけれど意味は分からない。そういうものって結構あると思います。「思考は現実化する」と言うと「それ、知っているよ。ナポレオン・ヒルでしょ」と皆さんおっしゃいます。でも、「どういう仕組みか分かりますか?」と聞くと、しーんとしてしまいます。

ミク 先生も、結構意地悪な質問しますね(笑)。

先生 たしかに意地悪な聞き方かもしれませんね。でも、大事なことなんですよ。知っていることに満足して、「分かる」まで到達していない人が結構多い。

ミク たしかに。そんな気がします。

図6-15　どこにボトルネックがあるか

$$1 \times 1 \times 1 = 1$$
知る　　分かる　　やる　　　できる

$$\boxed{0.1} \times 1 \times 1 = 0.1$$
①質の低い知識をもとにしたからできないのか

$$1 \times \boxed{0.1} \times 1 = 0.1$$
②理解を誤ったからできないのか

$$1 \times 1 \times \boxed{0.1} = 0.1$$
③やらないからできないのか

先生　そこを乗り越えて「分かる」まで到達したら、最後の関門「やる」です。

ミク　何事も実践が大事って言いますもんね。

先生　そうです。ここで問題なのは、1回やったくらいでマスターできる人はほとんどいないというところ。何回も練習して、やっと1になるんです。

ミク　反復練習すれば、できるようになるんですね。

先生　そうは言っていません。

ミク　え、違うの？

先生　式を思い出してください（図6-15）。右辺の「できる」に到達するために、いくつの要素が必要でしたか？

　ミク　三つです。

　先生　反復練習して「やる」が満たされたとき、三つ目の要素が1になったにすぎません。

　ミク　そうか。「知る」と「分かる」も1になっていないといけないんですね！

　先生　そういうことです。よく、「頑張りが足りない！ もっとやればできる！」と指導する人がいます。

　ミク　それ、うちの課長です。

　先生　このアドバイスは「やる」の要素が足りない場合にしか役立ちません（図6-15③）。「知る」や「分かる」が不足していたら、何度やってもできっこないんです。「ここでは△△ではなくて○○を使うんだよ」と正しい情報を伝えたり（図6-15①）、「勘違いしてないかい？　ここはこういう意味だよ」と理解を促してあげることで（図6-15②）、一気にできるようになることがあります。

　ミク　なるほど。ただやればいいってわけじゃないんですね。

　先生　三つのポイントのうち、**どこでつまずいているのか、そこを見極めることが大切です。**

Chapter 6 まとめ

- 過去も未来も「今」存在している

- どんな未来のイメージも自由にセットできる

- 物事の習得「できる」は「知る」「分かる」「やる」の掛け算

楽算メソッドでストレスを手放し、より輝く人生を！

質の高い知識＝「法則」を使いこなそう

　先生　では、今日の講義はここまでとします。

　ミク　ありがとうございました。なんか、これまで聞いたことのないような話ばかりで、少し混乱しています。

　先生　そうかもしれませんね。でも大丈夫。すぐ使えるようなものばかりですから。

　ミク　ちょっと、これまでの常識が崩れそうで……。

　先生　常識の枠を取っ払って、普遍的な法則に従ったほうが、人生はスムーズに進みます。

　ミク　とりあえずワクワクする未来をセットしたので、あとはそれに向かって行動するだけですね。

　先生　はい。ワクワクする未来をセットすると、それに必要な情報や人、モノがどんどん集まってきますよ。

　ミク　え、そうなんですか？

　先生　人はそれを「引き寄せの法則」などと呼んだりします。未来をセットすれば、行動すべきものが自ずと見え、必要な材料が集まってくるものです。

　ミク　なんかすごい。

　先生　法則ですから。

　ミク　これから何が起こるのか、本当に楽しみです。

　先生　そういえば、最初に言っていた将来の不安は、どうですか？

ミク　あ、なんか全然大丈夫になってきました。どうせ何とかなるし♪

　先生　そうなんです。楽算メソッドを知ると、物事の捉え方を一瞬でガラッと変えることができます。そして、状況に変化がなくても、捉え方一つで不安やストレスが解消していきます。

　ミク　即効性がすごいですね。

　先生　はい。でも、行動しなければダメですよ。思っているだけですべて叶うなんてことはありませんから。

　ミク　はーい。頑張ります♪

　先生　今日は、お金、人間関係といった大きな悩みにフォーカスしてお話ししました。それによって、将来への不安が一気に解消されたと思います。

　ミク　はい。その通りです。

　先生　今後、セットした未来に向かって動き出すと、「もっとこうしよう」という思いがどんどん出てきます。思い描いた未来が叶った後、さらに大きな未来を描けるようになるんです。

　ミク　すごい！　夢が大きくなるんですね。

　先生　はい。人生が加速していくことを実感すると思います。

　ミク　あ、でも、成長したら、また今とは違う悩みが出てくるんじゃないですか？

　先生　そうかもしれません。もしこの先つまずくようなことがあったら、そのときはまたお力になりますよ。今日はほんの基本編ですから。

　ミク　まだまだいろんな奥の手があるってことですか？

先生　奥の手も何も、すべて普遍的な法則です。宇宙が誕生して以降、何も変わらぬ法則。楽算メソッドは、それを誰もが理解しやすいように、数式・図式で整理しただけのことです。

　ミク　そうでしたね。でもなんか、魔法みたいで。

　先生　この宇宙自体に魔法が秘められているのかもしれませんね。

　ミク　今日はありがとうございました。人生トントン拍子に楽しみます♪

おわりに

　現代人の悩みというのは、そのほとんどが、

● お金の悩み

● 人間関係の悩み

● 過去への後悔と将来への不安

に集約されます。

　本書では、誰もが今すぐこれら三つの悩みから解放されることにフォーカスし、楽算メソッドの一部をご紹介いたしました。

　最後までお読みになった皆さんは、法則を理解し、意識を少しシフトするだけで、これまでの悩みや不安が一気に解消するという体験をしていただけましたでしょうか。

　紙幅の関係で楽算メソッドのさわりの部分しかご紹介できなかったことが非常に残念ではありますが、楽算メソッドを使いこなすことができれば、

● あらゆる問題の解決の糸口が見つかり

● 願った未来がどんどん現実のものとなり

● 人生を思うまま自在に操る

ことができるようになります。

これまで語り継がれてきた「成功法則」や、いわゆる「引き

寄せの法則」には、ある一定の真理が含まれています。

　それらを徹底的に分析し、真理部分の仕組みを数式・図式で見える化したのが楽算メソッドです。

　仕組みが分かるから納得して使えるようになります。
　だから、人生が思い通りになっていきます。

　最後までお読みになった皆さんにお願いがあります。
　この本をもう1回、できれば3回以上お読みください。
　1回目ではまだ「知る」段階で、2回目でやっと「分かる」段階になり、3回目でようやく「やる（使いこなす）」段階になるからです。
　何回も読んでいただけると、楽算メソッドの価値をさらに実感できるようになります。
　できるようになるための法則（100％成り立つ例外のない情報）をぜひ活用してください。

　1人でも多くの方が楽算メソッドを使いこなし、思い通りの人生を手に入れることを願ってやみません。

　2020年2月

　　　　　　　　　　　　　　　　　　　　　　秋畑　誠

● 著者プロフィール

秋畑　誠（あきはた・まこと）

株式会社バランス＆チューニング代表取締役
楽算メソッド®考案者
楽算アカデミー主宰
JAPAN MENSA会員
第1種数学教諭免許取得

1974年生まれ。1999年電気通信大学大学院修士課程修了。
同年ソニーへ入社。16年間エンジニアとしてオーディオ設計
に携わる。
2010年、小学校4年生で受けた全国一斉知能テストが全国1
位だったことを知り、自分では当たり前だと思っていた思考
方法が特異（強み）であることに気づく。
その後、心身不調をきっかけに、モノづくりからヒトづくり
への転身を決意。
2016年、株式会社バランス＆チューニングを設立。
世の中の法則をシンプルな算数で図式化した「楽算メソッド®」
を開発。
4年間、営業ゼロ・告知ゼロにもかかわらず、口コミだけで
受講生が集まり続ける。分かりやすさと高い成果が評判とな
り、ソニーや富士通をはじめとする企業・団体から定期研修
や講演の依頼が相次いでいる。

■著者ポータルサイト
http://balance-tuning.com/

企画協力	コンセプトメイキング
編集協力	稲田 和絵
組版、図版	GALLAP
装 幀	華本 達哉（aozora.tv）
写真撮影	タツ・オザワ
イラスト	頁作工房 鈴木 みゆき
校 正	菊池 朋子

らくざん
楽算メソッド® 数式・図式で思い通りの人生を手に入れる法則

2020年3月13日 第1刷発行

著 者	秋畑 誠
発行者	山中 洋二
発 行	合同フォレスト株式会社
	郵便番号 101-0051
	東京都千代田区神田神保町 1-44
	電話 03（3291）5200 FAX 03（3294）3509
	振替 00170-4-324578
	ホームページ https://www.godo-forest.co.jp
発 売	合同出版株式会社
	郵便番号 101-0051
	東京都千代田区神田神保町 1-44
	電話 03（3294）3506 FAX 03（3294）3509
印刷・製本	株式会社シナノ

合同フォレストのホームページ（左）、
Facebook ページ（右）はこちらから。 ➡
小社の新着情報がご覧いただけます。